SUPPEN

SUPPEN

TEXT: TANJA DUSY
FOTOS: WOLFGANG SCHARDT

INHALT

Löffelweise Glück

Suppe. Das klingt einfach, schlicht und trotzdem verheißungsvoll gut. Vorbei sind glücklicherweise die Zeiten, in denen Suppe als Arme-Leute-Essen galt und für viele oft die einzige warme Mahlzeit am Tag blieb, bei der alles, was gerade zur Hand war, in einen Topf wanderte.

Heute schätzt man wieder die im besten Sinne simplen Eigenschaften einer guten Suppe: Sie ist gesund und ganz einfach zuzubereiten, bringt jede einzelne Zutat optimal zur Geltung, und sie macht satt, ohne schwer oder sehr belastend zu sein. Ein Teller Suppe eignet sich je nach Inhalt als appetitanregender Auftakt zum großen Menü, als leichtes Abendsüppchen oder als stärkende Hauptmahlzeit gleichermaßen. Eine Suppe gibt Kraft, weckt alle Lebensgeister und macht warm, zufrieden und glücklich. Darum wird auch rund um den Globus munter gelöffelt und geschlürft. Jedes Land hat seine eigenen Klassiker – von der bayrischen Leberknödelsuppe über gemüsefrische, italienische Minestrone bis hin zur berühmten Bouillabaisse aus Marseille. In Asien fischt man erst alles Stückige mit Stäbchen aus der Brühe und „trinkt" diese dann geräuschvoll und genüsslich, oft schon zum Frühstück. Im russischen Winter wärmt üppiger Borschtsch und in Spanien erfrischt gut gekühlte Gazpacho an heißen Tagen.

Unheimlich vielseitig

Wie vielfältig und abwechslungsreich Suppen sein können, zeigen allein schon die unterschiedlichen Bezeichnungen, die man zu ihrer Charakterisierung benutzt. Zahlreiche der oft verwirrend gebrauchten Begriffe stammen dabei aus dem Französischen, der Sprache der hohen Kochkunst. Am Anfang steht in mehrerer Hinsicht die Brühe. Ihre französische Bezeichnung „Bouillon" (bouillir = kochen) verrät schon ihre ursprüngliche Herkunft. Einfach aus

Extrem cremig

Mehr als Brühe bieten viele in unterschiedlicher Weise gebundene Suppen. Damit eine Suppe zur zungeschmeichelnden „Cremesuppe" mit festerer Konsistenz wird, gibt es mehrere Wege. Schnellster und einfachster: Für eine „Püreesuppe" wird mitgegartes Gemüse (vor allem stärkehaltige, gut bindende Kartoffeln) fein püriert. Bei einer „Rahmsuppe" wird zusätzlich reichlich andickende Flüssigkeit in Form von Sahne oder Crème fraîche zur Brühe gegeben. Eine sogenannte „Samtsuppe", verdankt ihre Konsistenz einer Mehlschwitze. Dazu werden als Faustregel pro Liter Suppe zwei Esslöffel Mehl in zwei Esslöffel aufgeschäumte Butter eingerührt, kurz angeschwitzt und dann mit heißer Brühe und eventuell Wein, Milch oder Sahne verrührt. Damit die Suppe später nicht mehlig schmeckt, unbedingt immer etwa zehn Minuten köcheln lassen. Um eine Samtsuppe wirklich samtweich zu machen, „legiert" man sie zum Schluss. Das heißt pro Liter Suppe wird mindestens ein Eigelb mit etwas Sahne oder warmer, nicht zu heißer Suppe verquirlt und anschließend in die heiße Suppe gerührt. Die Suppe darf zu diesem Zeitpunkt keinesfalls mehr kochen, sonst gerinnt das Eigelb. Also vom Herd nehmen und anschließend nur noch sanft erwärmen.

Wasser, Gemüse, Fisch oder Fleisch gekocht, ist sie Grundlage und das eigentliche A und O einer jeden Suppe. Daher finden sich die Rezepte für Rinder-, Hühner-, Gemüse- und Fischbrühe gleich zu Beginn dieses Buches. Sie lassen sich auch gut in größerer Menge kochen, portionsweise einfrieren und dann bei Bedarf flink auftauen. Sollte man einmal keine Zeit oder Lust zum Selberkochen haben, geht selbstverständlich als Ersatz ein fertig gekaufter, guter Fond aus dem Glas oder mal gekörnte Instantbrühe. Unterschiedliche Einlagen (siehe z. B. Seite 20, 22 und 27) adeln jede Brühe und machen sie zu einer schönen, leichten Vorspeise. Edler und kräftiger im Aroma wird die Brühe, wenn man sie erneut bei starker Hitze einkocht (dazu die Brühe immer erst in eingekochtem Zustand mit Salz würzen, sonst wird sie viel zu salzig). So entsteht eine „Essenz", manchmal auch „Fumet" genannt. Wer gerne eine vollkommen klare Brühe möchte, kann sie zusätzlich noch klären (siehe Seite 14 und 31), was ihr extra Aroma verleiht. Eine derartig hocharomatische, konzentrierte Brühe nennt man „Kraftbrühe" oder in der Fachsprache auch „Consommé".

Mit jeder Menge drin

Auch der gute alte Eintopf kommt heute zu neuen Ehren: Mit besten Zutaten liebevoll zubereitet und langsam gegart, wird er zu einer magenfüllenden Delikatesse: Kartoffel-, Erbsen- oder Bohneneintopf oder Omas Hühnersuppe mit Nudeln verheißen üppigvolles Suppenglück, das sich ganz einfach erreichen lässt. Viel Spaß beim munteren Löffeln!

KLAR &
KRÄFTIG

Einfache Rinderbrühe

OHNE MÜHE KEINE BRÜHE – ERST ÜBER MEHRERE STUNDEN KOCHZEIT ENTWICKELT EINE SELBST GEMACHTE RINDERBRÜHE IHR VOLLES UND KRÄFTIGES AROMA. DAS GUTE DABEI: IST DER ERSTE „KNOCHENJOB" VOLLBRACHT, KÖCHELT SIE GANZ ALLEIN VOR SICH HIN. UND WIE MAN SIE DAZU BEKOMMT, SIEHT MAN AUF DEN BEIDEN NACHFOLGENDEN SEITEN.

Für ca. 2 l Brühe:
1 kg Rinderbeinscheiben
3 Rindermarkknochen (ca. 500 g)
1 Zwiebel
1 Knoblauchzehe
1 Stange Lauch
1 Möhre
1 Petersilienwurzel
100 g Knollensellerie
4 Zweige Thymian
1 Lorbeerblatt
1 TL schwarze Pfefferkörner
8–10 Stängel Petersilie
Salz | Pfeffer
frisch geriebene Muskatnuss
Zubereitung: ca. 25 Min.
Kochen: 3 Std.
Pro Liter: ca. 520 kcal,
48 g EW, 21 g F, 0 g KH

1 Beinscheiben und Knochen abbrausen und in einen Suppentopf legen. Mit Wasser bedecken und bei starker Hitze zum Kochen bringen. Dann alles in ein Sieb abgießen, Knochen und Beinscheiben nochmals abbrausen, den Topf sauber ausspülen. Knochen und Beinscheiben mit 2,5 l Wasser (oder 3 l, wenn man nur eine leichte Brühe möchte, siehe auch Tipp) wieder in den Topf geben und bei mittlerer Hitze ca. 15 Min. leicht kochen lassen, dabei immer wieder den aufsteigenden Schaum mit einem Löffel abheben, damit die Suppe nicht trüb wird.

2 Die Zwiebel quer halbieren, mit den Schnittflächen nach unten in eine kleine Pfanne legen und bei starker Hitze dunkelbraun anrösten, herausnehmen. Knoblauch schälen und halbieren. Gemüse waschen oder schälen und putzen und in grobe Stücke schneiden. Den Thymian abbrausen und mit Zwiebel, Knoblauch, Gemüse, Lorbeerblatt und den Pfefferkörnern in den Topf geben und alles zugedeckt weitere 2 Std. bei geringer Hitze ganz sanft mehr ziehen als köcheln lassen, dabei möglichst nicht umrühren. Petersilie abbrausen und ebenfalls in den Topf geben, die Brühe salzen und weitere 30–45 Min. köcheln lassen.

3 Beinscheiben und Knochen aus der Brühe nehmen, den Rest durch ein Sieb in einen zweiten Topf gießen und abkühlen lassen (eventuell über Nacht in den Kühlschrank stellen). Dann mit einem Löffel vorsichtig die Fettschicht von der Brühe abnehmen, die sich oben abgesetzt hat. Die Brühe nach Belieben leicht erwärmen und nochmals durch ein Sieb gießen, das diesmal mit einem Tuch ausgelegt wurde. Mit Salz, Pfeffer und Muskat abschmecken.

Tipp Nach diesem Rezept erhält man eine kräftige Brühe, die sehr gut mit einer einfachen Einlage (siehe Seite 20) schmeckt. Als leichte Grundlage für eine Suppe oder einen Eintopf, in der später nochmals Fleisch mitgekocht wird, kann man sie auch mit mehr Wasser kochen (siehe oben). Aber egal ob leicht oder kräftig – was nicht sofort gebraucht wird, am besten in Plastikdosen einfrieren.

Eine einfache Rinderbrühe (siehe Seite 11) schmeckt eigentlich schon prima. Aber ganz klar, noch geschmacksintensiver und hocharomatisch wird sie, wenn man daraus eine Kraftbrühe – auch „Consommé" genannt – kocht.

Rinderkraft-brühe

Für 4 Personen:

1 Zwiebel
1 Möhre
1 Petersilienwurzel
½ Stange Lauch
3 Zweige Thymian
1 Zweig Rosmarin
300 g mageres, durchgedrehtes oder gehacktes Rindfleisch (z.B. Rinderhesse)
2 Nelken
3 Eiweiß (M)
Salz | Pfeffer
10 Eiswürfel
1 l kalte Rinderbrühe (siehe Seite 11)
Schnittlauchröllchen zum Bestreuen
Zubereitung: ca. 15 Min.
Kochen: 45 Min.
Ruhen: 30 Min.
Pro Portion: ca. 130 kcal, 12 g EW, 5 g F, 0 g KH

1   Die Zwiebel schälen und klein würfeln. Das Gemüse waschen oder schälen und putzen und ebenfalls klein würfeln. Thymian und Rosmarin abbrausen.

2   Alle vorbereiteten Zutaten mit dem Rindfleisch, den Nelken und den Eiweißen gut mischen und mit Salz und Pfeffer würzen. Dann die Eiswürfel untermengen und das Ganze mit der kalten Rinderbrühe in einen Suppentopf geben.

3   Alles bei starker Hitze langsam zum Kochen bringen, dabei mit einem breiten Löffel oder mit einem Bratenwender vorsichtig am Topfboden rühren, damit die Rinderhackmasse nicht anhängt. Dabei bindet das stockende Eiweiß alle Trübstoffe, die als Schaum langsam als sogenannter „Klärkuchen" nach oben steigen.

4   Sobald die Brühe richtig kocht, nicht mehr rühren. Die Temperatur reduzieren und alles ca. 45 Min. bei geringer Hitze nur noch ganz leicht köcheln lassen.

5   Topf vom Herd nehmen und die Brühe ca. 30 Min. ruhen lassen. Dann den oben schwimmenden Klärkuchen mit einem Schaumlöffel entfernen und die Brühe durch ein Sieb, das mit einem Tuch ausgelegt wurde, in einen zweiten Topf gießen. Brühe heiß werden lassen, mit Salz abschmecken und mit Schnittlauch bestreut servieren.

Eine gute Rinderbrühe stärkt Leib und Seele; und natürlich kann man sie einfach nur so löffeln oder genüsslich schlürfen. Darüberhinaus gibt es aber unzählige Möglichkeiten, was sich mit ganz einfachen Mitteln noch daraus zaubern lässt: vom Wiener Tafelspitz mit Vorspeisenbrühe über eine üppige Hochzeitssuppe bis hin zu einem gar nicht sparsamen Eintopf aus dem Schwabenland.

Andere Länder, feine Sitten. Wer nach Alternativen für seine selbst gekochte Brühe sucht, muss gar nicht in die Ferne schweifen. Geniale Ideen liefert Nachbarland Österreich, in dem sogar ganze Kochbücher dem Thema Rindersuppe gewidmet sind. Aber auch hierzulande wird man auf vielfältigste Weise fündig.

Wie im guten alten Wien

Für eine Brühe mit Tafelspitz- oder Suppenfleischeinlage kocht man einfach die Rinderbrühe von Seite 11 wie in Schritt 1 beschrieben. Sobald dann kaum mehr Schaum aufsteigt, ca. 1,5 kg Tafelspitz oder mageres Suppenfleisch (für 4–6 Personen) mit der angerösteten Zwiebel zusätzlich zu den übrigen Zutaten einlegen und alles genau so weiterkochen, wie im Rezept vorgegeben. Nach Garzeitende Topf vom Herd nehmen und das Fleisch am besten noch 20–30 Min. in der Brühe ruhen lassen, anschließend das Fleisch herausheben, die Brühe abgießen und entfetten. Die Brühe mit einer Einlage nach Wahl (siehe Seite 20) vorneweg als Vorspeise servieren. Das Fleisch gibt es danach als Hauptgericht. Dazu quer zur Faser in Scheiben schneiden und mit 1–2 Schöpfkellen heißer Brühe übergossen anrichten.

Für besondere Festtage

Genauso gut lässt sich eine selbst gekochte Brühe samt Suppenfleisch in einen Eintopf oder eine gehaltvolle Suppe verwandeln. So war und ist es bis heute auf dem Land weit verbreiteter Brauch, eine „Hochzeitssuppe" anzubieten. Von Region zu Region unterschiedlich wird in Rinderbrühe gegartes Rindfleisch und Suppengemüse klein geschnitten und mit den unterschiedlichsten Einlagen (oft mehrere auf einmal) kombiniert – etwa mit Grießnocken (siehe Seite 20), Hackbällchen (siehe Seite 145), Leberknödeln (siehe Seite 22) oder Eierstich (siehe Seite 20). Nudeln, Reis sowie auch 1 Handvoll Rosinen und etliche Kräuter finden recht häufig ebenfalls den Weg in die herrlich schmackhafte Brühe.

Aus dem Ländle

Die erfinderischen Schwaben mischen zu klein geschnittenem Suppenfleisch und Gemüse gleich noch gegarte Spätzle in die gute Rinderbrühe. Darüber kommen dann in Butter gebräunte Zwiebelringe und frische Schnittlauchröllchen – fertig ist der traditionsreiche Gaisburger Marsch.

LINKS: HÜHNERBRÜHE | MITTE: RINDERBRÜHE | RECHTS: FISCHBRÜHE

Hühnerbrühe

GESUND UND AROMAREICH

Für ca. 2,5 l Brühe:
2 kg Hühnerklein (z. B. Flügel,
 Hals, Magen, Herz)
2 Möhren
1 Stange Lauch
150 g Knollensellerie
1 TL weiße Pfefferkörner
1 Lorbeerblatt
Salz | Pfeffer
frisch geriebene Muskatnuss
Zubereitung: ca. 35 Min.
Kochen: 3 Std.
Pro Liter: ca. 40 kcal, 1 g EW, 1 g F, 6 g KH

1   Das Hühnerklein gründlich abbrausen und alle
Knochensplitter entfernen. Dann das Hühnerklein
in einen Suppentopf legen und so viel Wasser dazugießen, dass es gut bedeckt ist. Auf dem Herd zugedeckt bei starker Hitze einmal aufkochen lassen.
Alles in ein Sieb abgießen, den Topf gut auswaschen.

2   Hühnerklein abbrausen und wieder in den Topf
geben. 3 l Wasser dazugießen und bei mittlerer Hitze
zum Kochen bringen, dann die Temperatur reduzieren
und alles zugedeckt bei geringer Hitze 1 Std. 30 Min.
leicht köcheln lassen. Dabei in den ersten 15–20 Min.
den aufsteigenden Schaum ab und zu mit einem
Schaumlöffel abschöpfen.

3   Das Gemüse waschen oder schälen und putzen,
alles in grobe Stücke schneiden. Mit Pfefferkörnern
und Lorbeerblatt in den Topf geben und alles weitere
1 Std.–1 Std. 30 Min. köcheln lassen. Gegen Garzeitende mit Salz, Pfeffer und Muskat würzen. Hühnerklein und das Gemüse mit dem Schaumlöffel aus der
Brühe heben. Die Brühe eventuell kalt werden lassen,
entfetten und durch ein Sieb (siehe Seite 11) gießen.

Fischbrühe

EINFACH UND GANZ EDEL

Für ca. 1,5 l Brühe:
1 kg Fischkarkassen und -abschnitte
 (beim Fischhändler besorgen)
1 weiße Zwiebel | 1 Stange Lauch
1 Stange Staudensellerie
1 kleine Knolle Fenchel
3 EL Olivenöl | 300 ml Weißwein
3 Zweige Thymian | 3 Stängel Petersilie
½ TL weiße Pfefferkörner
1 Lorbeerblatt | Salz
Zubereitung: ca. 1 Std. 10 Min.
Pro Liter: ca. 230 kcal, 17 g EW, 15 g F, 7 g KH

1   Fischkarkassen und -abschnitte eventuell zerkleinern, gründlich abbrausen und bei Fischköpfen
die Kiemen entfernen, dann alles abtropfen lassen.
Inzwischen die Zwiebel schälen und klein würfeln.
Gemüse waschen, putzen und klein schneiden.

2   Das Öl in einem Suppentopf erhitzen. Darin die
Fischkarkassen und -abschnitte unter gelegentlichem
Rühren und Wenden bei mittlerer Hitze hell anbraten,
sie sollten kaum bräunen. Gemüse und Zwiebel dazugeben und 1–2 Min. mitbraten. Mit Wein ablöschen
und diesen leicht einkochen lassen.

3   Kräuter abbrausen und mit Pfeffer und Lorbeerblatt mit in den Topf geben. 1,5 l Wasser aufgießen,
langsam erhitzen und einmal aufkochen lassen, dann
die Temperatur reduzieren und alles ca. 25 Min. (auf
keinen Fall länger als 40 Min.) bei geringer Hitze
leicht köcheln lassen. Dabei den aufsteigenden
Schaum mit einem Schaumlöffel abschöpfen.

4   Die Brühe kurz vor Garzeitende salzen. In ein mit
einem Tuch ausgelegtes Sieb gießen, auffangen, kalt
werden lassen und entfetten (siehe Seite 11).

Gemüsebrühe

LEICHT UND VOLLER VITAMINE

Für ca. 1,5 l Brühe:

3 Zwiebeln
1 Knoblauchzehe
1 Stange Lauch
3 Stangen Staudensellerie
1 kleine Knolle Fenchel
250 g Möhren
100 g braune Champignons
2 Tomaten
3 EL Olivenöl
¼ l Weißwein (ersatzweise
 Wasser)
3 Zweige Thymian oder
 ⅓ Bund Petersilie
1 Lorbeerblatt
½ TL schwarze Pfefferkörner
 Salz

Zubereitung: ca. 30 Min.
Kochen: 45 Min.
Pro Liter: ca. 20 kcal,
1 g EW, 1 g F, 3 g KH

1 Die Zwiebeln schälen und grob würfeln, Knoblauch schälen und halbieren. Lauch, Sellerie und Fenchel waschen, putzen und in grobe Stücke schneiden. Die Möhre schälen und ebenfalls grob schneiden. Die Champignons trocken abreiben und die Stielenden entfernen, die Pilze halbieren oder vierteln. Die Tomaten waschen und achteln, dabei die Stielansätze entfernen.

2 Öl in einem Suppentopf erhitzen. Darin die Zwiebeln goldbraun andünsten. Lauch, Sellerie, Fenchel, Möhren und Champignons dazugeben und 2 Min. unter Rühren mitdünsten, mit dem Wein ablöschen. Thymian oder Petersilie abbrausen und mit Tomaten, Lorbeerblatt und Pfefferkörnern unterrühren. 2,7 l Wasser aufgießen und bei mittlerer Hitze langsam zum Kochen bringen.

3 Dann die Temperatur reduzieren und alles zugedeckt bei geringer Hitze ca. 45 Min. köcheln lassen, dabei zu Beginn ab und zu mit einem Schaumlöffel den Schaum abschöpfen. Die fertige Brühe durch ein mit einem Tuch ausgelegtes Sieb in einen zweiten Topf gießen. Brühe bei mittlerer Hitze auf ca. 1,5 l einkochen lassen – so wird sie richtig geschmacksintensiv –, dann salzen.

Tipp Gemüse fürs Brühekochen – hier kann je nach Wunsch, Vorrat und Saison munter kombiniert werden, wobei die Mengen ungefähr gleich bleiben sollten. Geeignet sind: Zucchini, Stauden- und Knollensellerie, Pastinaken, Brokkoli, Wirsing oder Kohl. Praktischerweise lassen sich sehr gut Reste oder sogar saubere Abfälle (etwa Abschnitte, Spargel- oder Möhrenschalen) verwenden. Und: Möhren braucht man nicht unbedingt zu schälen, sondern einfach nur sauber zu waschen.

Tipp Gemüse als Einlage – erste Wahl für eine Gemüsebrühe: noch mal Gemüse. Möhren, Sellerie, Zucchini und Lauch in ganz feine Streifen (Julienne) schneiden und entweder direkt in der Brühe gar kochen oder kurz in kochendem Salzwasser bissfest garen, unter kaltem Wasser abschrecken (so behält das Gemüse seine schöne Farbe) und später nach Bedarf in die heiße Brühe geben.

Einlagen für klare Brühen

Grießnocken

Für ca. 20 Nocken | Zubereitung: ca. 40 Min.
Pro Stück: ca. 35 kcal, 2 g EW, 1 g F, 4 g KH

1 EL Butter und ¼ l Milch in einem Topf unter Rühren zum Kochen bringen. Mit Salz, Pfeffer und frisch geriebener Muskatnuss würzen. 100 g Weichweizengrieß einrühren und bei geringer Hitze 2 Min. köcheln lassen. Vom Herd nehmen, zugedeckt 10 Min. quellen lassen. 2 Eier (M) gründlich unterrühren, die Masse abkühlen lassen. Mit zwei Teelöffeln Nocken aus der Grießmasse formen, dabei die Löffel zwischendurch kurz in kaltes Wasser tauchen. Die Nocken auf Backpapier bereitlegen. Reichlich Wasser in einem Topf zum Kochen bringen und die Temperatur reduzieren, salzen. Die Nocken portionsweise hineingeben und bei geringer Hitze in 5–10 Min. gar ziehen lassen. Mit einem Schaumlöffel herausnehmen und in die heiße Suppe geben, darin kurz ziehen lassen. Tipp: Wer möchte, kann die Nocken auch direkt in einer Brühe gar ziehen lassen.

Variante Für Polentanocken in einem Topf 1 EL Butter schmelzen. 1 TL gehackten Rosmarin dazugeben, kurz andünsten. 225 ml Gemüsebrühe dazugießen und aufkochen, mit Salz, Pfeffer und frisch geriebener Muskatnuss würzen. Dann 100 g Minuten-Polenta (Instant-Polenta) einrühren, Topf vom Herd nehmen und die Polenta 10 Min. zugedeckt quellen lassen. 2 Eier (M) unterrühren, die Masse abkühlen lassen. Daraus mit zwei Teelöffeln wie oben beschrieben Nocken formen und in Salzwasser gar ziehen lassen. Tipp: Anstelle von Rosmarin schmeckt auch mal frisch gehackter Thymian oder 1 TL getrocknete Kräuter der Provence.

Eierstich

Für 4 Personen | Zubereitung: ca. 45 Min.
Pro Portion: ca. 80 kcal, 6 g EW, 5 g F, 2 g KH

3 Eier (M) und 120 ml Milch gut verquirlen, aber nicht schaumig schlagen (ideal: kurz mit dem Stabmixer verarbeiten). Mit Salz, Pfeffer und frisch geriebener Muskatnuss würzen. Die Eiermilch durch ein feines Sieb in eine ca. 13 x 13 cm große, hitzebeständige Form gießen. Einen ausreichend großen Topf so hoch mit Wasser füllen, dass die Form zu zwei Dritteln im Wasser steht. Ein Geschirrtuch um den Topfdeckel schlagen und den Deckel auf den Topf legen. Das Wasser bei geringer Hitze zum Sieden bringen und die Eiermilch in 30–35 Min. stocken lassen. Herausnehmen und abkühlen lassen. Den Eierstich an den Rändern mit einem Messer lösen, stürzen und in kleine Würfel schneiden (oder auch einmal mit Mini-Förmchen Motive ausstechen). Eierstichwürfel in die heiße Suppe geben.

Flädle

Für 4 Personen | Zubereitung: ca. 30 Min.
Pro Portion: ca. 85 kcal, 4 g EW, 4 g F, 8 g KH

60 g Mehl und 1 Prise Salz mischen. 100 ml Milch nach und nach mit einem Schneebesen unter das Mehl rühren, dann 2 Eier (M) dazugeben und sorgfältig unterschlagen. Den Teig zugedeckt 15 Min. quellen lassen. Wenig Öl oder Butterschmalz in einer beschichteten Pfanne erhitzen. Mit einer kleinen Kelle etwas Teig einfüllen und durch Schwenken der Pfanne gleichmäßig in dieser verteilen. Bei mittlerer Hitze ca. 1 Min. backen, wenden und noch mal so lange backen. Auf diese Weise noch 1–2 weitere goldbraune Pfannkuchen ausbacken. Die Pfannkuchen aufrollen und abkühlen lassen, dann die Rollen in dünne Scheiben schneiden. Die Flädle in die heiße Suppe geben. Tipp: Wer möchte, kann gerne auch mal 1 EL Schnittlauchröllchen oder gehackte Petersilie unter den Pfannkuchenteig rühren.

VON OBEN NACH UNTEN: FLÄDLE, POLENTANOCKEN, GRIESSNOCKEN, EIERSTICH

Leberknödelsuppe

ZÜNFTIG BAYRISCH

Für 4 Personen:
4 Brötchen vom Vortag (ca. 350 g)
200 ml Milch
1 Zwiebel
2 Stängel Petersilie
1 EL Butter
½ TL getrockneter Majoran
200 g Rinderleber
2 Eier (M)
Salz | Pfeffer
frisch geriebene Muskatnuss
2–3 EL Semmelbrösel
 (bei Bedarf)
2 l Rinderbrühe (siehe Seite 11)
Zubereitung: ca. 30 Min.
Kühlen: 2 Std.
Gar ziehen: 20 Min.
Pro Portion: ca. 640 kcal,
46 g EW, 20 g F, 48 g KH

1 Brötchen klein schneiden und in eine Schüssel geben. Milch lauwarm erhitzen und über die Brötchen gießen, mischen und zugedeckt 15 Min. durchziehen lassen. Inzwischen die Zwiebel schälen und klein würfeln. Petersilie abbrausen, trocken schütteln und die Blättchen fein hacken. Butter in einer Pfanne zerlassen, darin die Zwiebel andünsten. Petersilie und Majoran dazugeben, kurz mitdünsten, vom Herd nehmen.

2 Die Leber abbrausen und mit Küchenpapier gut trocken tupfen, eventuell noch Häutchen oder Sehnen wegschneiden. Dann die Leber klein schneiden und durch den Fleischwolf drehen oder im elektrischen Blitzhacker möglichst fein hacken. Eingeweichte Brötchen leicht ausdrücken und mit Leber, Zwiebel und Eiern verrühren. Mit Salz, Pfeffer und Muskat würzen. Die Masse zugedeckt 2 Std. im Kühlschrank kühlen.

3 Lebermasse kräftig durchrühren und daraus mit angefeuchteten Händen acht Knödel formen, dabei nicht zu sehr zusammenpressen (ist die Masse zu weich oder nass, mit den Semmelbröseln binden). In einem weiten Topf Wasser zum Kochen bringen, salzen, die Temperatur reduzieren. Knödel darin in ca. 20 Min. bei geringer Hitze gar ziehen lassen.

4 In einem zweiten Topf die Rinderbrühe erhitzen. Die Knödel mit einem Schaumlöffel aus dem Wasser heben, kurz abtropfen lassen und mit der Brühe in tiefen Tellern servieren.

Tipp Für ein kräftigeres Aroma die Knödel gleich in Brühe garen. Für einen Farbtupfer sorgen aufgestreute Schnittlauchröllchen.

Variante Vegetarische Tofuknödel

Für 20 kleine Knödel aus 150 g fein gewürfeltem Weißbrot, 180 ml Milch, je 1 klein gewürfelten Zwiebel und Knoblauchzehe (in Butter angedünstet), 1 Ei (M), 2 EL gehackter Petersilie und 150 g ganz klein gewürfeltem Räuchertofu eine Knödelmasse zubereiten. Mit Salz, Pfeffer und Chilipulver würzen und 2 Std. kühl stellen. Aus der Masse Knödel formen, gut zusammendrücken und dann ca. 10 Min. in siedendem Salzwasser gar ziehen lassen.

Pilzbouillon mit Entenbrust

EDLE VORSPEISE FÜR EIN SCHÖNES HERBSTMENÜ

Für 4 Personen:

30 g getrocknete Steinpilze
500 g braune Champignons
1 kleiner Zweig Rosmarin
3 Zweige Thymian
2 Wacholderbeeren
1 l Entenfond (aus dem Glas,
 ersatzweise Kalbsfond)
1 geräucherte Entenbrust
 (ca. 300 g)
1 EL Butter
Salz | Pfeffer
4 EL trockener Sherry
 (nach Belieben)
Zubereitung: ca. 45 Min.
Pro Portion: ca. 195 kcal,
40 g EW, 10 g F, 3 g KH

1   Die Steinpilze in einer Schüssel mit 200 ml heißem Wasser übergießen, 15 Min. einweichen. Inzwischen die Champignons mit Küchenpapier sauber abreiben, die Stielenden entfernen. Die Hälfte der Pilze beiseitelegen, Rest in grobe Stücke schneiden. Die Kräuter abbrausen und trocken schütteln, 1 Zweig Thymian beiseitelegen. Die Wacholderbeeren grob andrücken.

2   Fond, Champignonstücke, Kräuter, Wacholderbeeren und die Steinpilze samt dem Einweichwasser in einen Suppentopf geben. Aufkochen lassen und zugedeckt bei geringer Hitze ca. 20 Min. köcheln lassen.

3   Inzwischen die Entenbrust in dünne Scheiben schneiden. Übrige Champignons in dünne Scheiben schneiden, vom übrigen Thymian die Blättchen abzupfen und hacken. Butter in einer Pfanne zerlassen, die Pilze darin bei starker Hitze in 2–3 Min. braun braten. Salzen, pfeffern und gehackten Thymian unterrühren, vom Herd nehmen.

4   Die Pilzbrühe durch ein feines Sieb in einen zweiten Topf gießen, die angebratenen Pilze unterrühren. Die Bouillon mit Salz, Pfeffer und nach Belieben Sherry abschmecken und 5 Min. offen bei geringer Hitze köcheln lassen. Entenfleisch dazugeben und heiß werden lassen, dann die Suppe in Schälchen oder auf Teller verteilen und servieren.

Variante Pilzbouillon für Vegetarier

Die Bouillon wie beschrieben zubereiten – allerdings anstelle des Entenfonds Gemüsebrühe (siehe Seite 19) nehmen, eingeweichte Steinpilze durch ein feines Sieb abgießen und nur das Einweichwasser für die Suppe verwenden. Eingeweichte Pilze fein hacken und mit 2 Eiern (M), 100 ml Milch, 2 EL Sahne und 1 EL ganz fein gehackter Petersilie verquirlen. Mit Salz, Pfeffer und frisch geriebener Muskatnuss würzen. Die Eiermilch in eine flache, große Tasse oder kleine Auflaufform (ca. 13 x 13 cm) gießen und daraus einen Eierstich, wie auf Seite 20 beschrieben, zubereiten. Den abgekühlten Eierstich in kleine Würfel schneiden und mit den braun gebratenen Champignonscheiben in die Bouillon geben.

Klare Tomatenbrühe mit Parmesannocken

SOMMER UND ITALIEN HOCHKONZENTRIERT

Für 4–6 Personen:

Für die Brühe:

2 Dosen geschälte Tomaten
  (à 800 g Inhalt)
500 g frische vollreife Tomaten
1 große Zwiebel
2 Knoblauchzehen
2 Stangen Staudensellerie
2 kleine Möhren
3 Zweige Thymian
2 EL Olivenöl
¼ l Weißwein (nach Belieben,
  eventuell etwas mehr zum
  Abschmecken)
Salz | Pfeffer
Zucker (Menge je nach Säure
  von Tomaten und Wein)
2–3 Stängel Basilikum

Für die Nocken:

100 g Parmesan
50 g Butter
Salz
80 g Mehl
3 Eier (M)
Pfeffer
frisch geriebene Muskatnuss

Zubereitung: ca. 50 Min.
Kochen: 45 Min.
Abtropfen und Kühlen: 6 Std.
Pro Portion (bei 6 Personen):
ca. 240 kcal,
11 g EW, 18 g F, 10 g KH

1   Für die Brühe Dosentomaten in der Dose mit einer Küchenschere oder einem Messer grob zerkleinern. Frische Tomaten waschen und in grobe Stücke schneiden, dabei die Stielansätze entfernen. Zwiebel und Knoblauch schälen und klein würfeln. Den Sellerie waschen und putzen, Möhren schälen, beides klein schneiden. Den Thymian abbrausen.

2   Öl in einem Suppentopf erhitzen. Darin Zwiebel, Knoblauch und Gemüse andünsten und leicht bräunen. Mit Wein ablöschen, frische Tomaten und Dosentomaten samt Saft, Thymian und ½ l Wasser dazugeben. Alles zugedeckt 45 Min. bei geringer Hitze köcheln lassen. Dann mit Salz, Pfeffer und Zucker würzen. 5 Std. abkühlen und durchziehen lassen. Anschließend die Tomatenmasse in ein mit einem Mulltuch ausgelegtes Sieb gießen und langsam nach und nach die Flüssigkeit durchtropfen lassen – das kann gut 1 Std. dauern.

3   Inzwischen für die Nocken Parmesan fein reiben. Butter mit 1 Prise Salz und 120 ml Wasser in einem Topf aufkochen. Mehl einrühren und so lange weiterrühren, bis sich ein Teigkloß bildet, der sich vom Topfboden löst und einen weißen Film auf dem Boden hinterlässt. Den Topf vom Herd nehmen, erst den Käse, dann nacheinander die Eier unter den Teig rühren – dabei nach jedem Ei so lange kräftig rühren, bis der Teig wieder glatt und homogen ist. Mit Pfeffer und Muskat würzen und zugedeckt 1 Std. in den Kühlschrank stellen.

4   Wasser in einem weiten Topf zum Kochen bringen, salzen und die Temperatur reduzieren. Mit zwei Teelöffeln kleine Stücke vom Käseteig abnehmen, zu Nocken formen (es werden 20–24 Stück), sofort ins leicht siedende Wasser geben und in ca. 10 Min. gar ziehen lassen. Die Löffel zwischendurch immer wieder in kaltes Wasser tauchen.

5   Inzwischen die abgetropfte Tomatenbrühe erhitzen, nach Wunsch mit etwas Wein abschmecken. Basilikumblättchen von den Stängeln zupfen und in Streifen schneiden. Gegarte Nocken mit einer Schaumlöffel aus dem Wasser heben, abtropfen lassen und auf Suppenteller verteilen. Die Brühe darübergießen und mit Basilikum bestreuen.

Kräftige Ochsenschwanzbrühe

EIN ENDLICH WIEDERENTDECKTER KLASSIKER

Für 4 Personen:

1,5 kg Ochsenschwanz
  (in Stücken)
2 Zwiebeln
2 Knoblauchzehen
1 große Möhre
4 Stangen Staudensellerie
1 Stange Lauch
4 EL Sonnenblumenöl
2 EL Tomatenmark
½ l Weißwein
3 Zweige Thymian
3 Zweige Rosmarin
3 Nelken
4 Pimentkörner
Salz | Pfeffer
3–4 EL trockener Sherry oder
  Madeira (nach Belieben)
Zubereitung: ca. 1 Std.
Kochen: 3 Std. 30 Min.
Pro Portion: ca. 310 kcal,
41 g EW, 21 g F, 7 g KH

1   Die Ochsenschwanzstücke abbrausen und trocken tupfen. Die Zwiebeln schälen und grob würfeln, den Knoblauch schälen und in dünne Scheiben schneiden. Das Gemüse waschen oder schälen und putzen und in grobe Stücke schneiden.

2   Das Öl in einem Suppentopf (noch besser: ein Bräter) erhitzen. Darin die Ochsenschwanzstücke rundherum bei mittlerer bis starker Hitze kräftig anbraten, dabei darauf achten, dass der Bodensatz nicht anbrennt. Zwiebeln, Knoblauch und das Gemüse dazugeben und ca. 5 Min. bei mittlerer Hitze unter Rühren mitbraten.

3   Tomatenmark unterrühren und 1–2 Min. unter Rühren mitrösten. Mit 100–150 ml Wein ablöschen und diesen vollständig einkochen lassen, dabei ständig rühren und den Bratenansatz gut lösen. Vorgang zweimal wiederholen, dabei den Wein beim letzten Mal nur leicht einkochen lassen. Dann die Kräuter abbrausen und mit den Gewürzen dazugeben, 2 l Wasser aufgießen, salzen und pfeffern. Alles aufkochen lassen, dann zugedeckt bei geringer Hitze 3 Std.–3 Std. 30 Min. köcheln lassen. Falls Schaum aufsteigt, diesen abschöpfen.

4   Sobald das Fleisch gar ist – es sollte sich ganz leicht vom Knochen lösen –, herausnehmen und die Brühe durch ein Sieb in einen zweiten Topf gießen. (Wer eine schöne klare Brühe möchte, legt das Sieb vorher mit einem Tuch aus.) Brühe erhitzen und nach Belieben mit Sherry oder Madeira, Salz und Pfeffer abschmecken. Wer will, kann das Fleisch davor von den Knochen lösen, klein schneiden und in die Brühe geben.

Variante Ochsenschwanzsuppe

Dazu Brühe wie beschrieben kochen, das Fleisch von den Knochen lösen, klein schneiden. In einem Suppentopf 2 EL Butter zerlassen, 2 EL Mehl darüberstäuben und kurz anrösten. Die heiße Brühe nach und nach unter Rühren dazugießen, dann offen ca. 10 Min. bei mittlerer Hitze kochen lassen, Fleisch gegen Ende dazugeben. Suppe mit Sherry, Salz und Pfeffer abschmecken, auf Teller verteilen und mit etwas leicht angeschlagener Sahne darauf servieren.

Wildconsommé

DIE HOHE KUNST DES BRÜHE KOCHENS

Für 4 Personen:
Für die Brühe:
1 kg Wildknochen und 500 g Wild-abschnitte (beides beim Wildhändler vorbestellen!)
1 Bund Suppengemüse
100 g Champignons
2 Zwiebeln | 5 EL Olivenöl
8 Wacholderbeeren
2 Nelken | 1 EL Tomatenmark
100 ml Rotwein
je 2 Zweige Thymian und Rosmarin
1 Lorbeerblatt
1 großes Stück Bio-Orangenschale
Salz | Pfeffer
2–3 EL Sherry oder Madeira
(nach Belieben)
Zum Klären:
1 Zwiebel | 1 Knoblauchzehe
1 Bund Suppengemüse
300 g mageres Wildfleisch
(z. B. Haxe)
je 2 Zweige Thymian und Rosmarin
4 Wacholderbeeren
1 Lorbeerblatt
2 Nelken | 2 Pimentkörner
- TL schwarze Pfefferkörner
4 Eiweiß (M) | Salz
6 Eiswürfel
Zubereitung: ca. 1 Std. 15 Min.
(+ Abkühlzeit)
Kochen: 3 Std. 45 Min.
Pro Portion: ca. 195 kcal,
18 g EW, 8 g F, 0 g KH

1 Für die Brühe Wildknochen und -abschnitte abbrausen und trocken tupfen. Gemüse und Pilze waschen oder schälen und putzen, in ca. 1 cm große Würfel schneiden. Zwiebeln schälen und klein würfeln.

2 Das Öl in einem Bräter erhitzen, darin Knochen und Abschnitte bei mittlerer bis starker Hitze ca. 10 Min. rundum richtig dunkelbraun anrösten. Zwiebeln, Gemüse und Pilze dazugeben und 3 Min. mitrösten. Wacholderbeeren andrücken und mit Nelken und Tomatenmark unterrühren, 1 Min. weiterrösten. Mit dem Wein ablösen und diesen bei starker Hitze unter Rühren einkochen lassen.

3 Ca. 2,2 l Wasser dazugießen, sodass alles gut bedeckt ist. Thymian und Rosmarin abbrausen und mit dem Lorbeerblatt und der Orangenschale dazugeben. Gründlich umrühren, damit sich der Bratensatz vom Topfboden löst. Zugedeckt ca. 3 Std. bei geringer Hitze köcheln lassen, dabei zu Beginn immer wieder den aufsteigenden Schaum abschöpfen. Die fertige Brühe durch ein mit einem Tuch ausgelegtes Sieb gießen, abkühlen lassen. Dann mit einem Löffel das Fett an der Oberfläche so gut wie möglich abschöpfen.

4 Zum Klären Zwiebel und Knoblauch schälen, Gemüse waschen oder schälen und putzen, alles möglichst klein schneiden. Fleisch im elektrischen Blitzhacker zerkleinern oder durch den Fleischwolf drehen. Thymian und Rosmarin abbrausen, die Wacholderbeeren andrücken. Alles mit Lorbeerblatt, Nelken, Piment, Pfeffer und den Eiweißen gut verrühren. Die Fleischmasse mit wenig Salz würzen.

5 Fleischmasse mit Eiswürfeln in einen Suppentopf geben und die Brühe dazugießen. Langsam erhitzen, dabei mit einem breiten Löffel oder Pfannenwender immer wieder so durchrühren, dass die Fleischmasse nicht am Boden anhängt. Dabei bindet das stockende Eiweiß alle Trübstoffe, die als Schaum langsam als sogenannter „Klärkuchen" nach oben steigen. Sobald alles zu Kochen beginnt, die Temperatur reduzieren und die Brühe bei geringer Hitze 45 Min. offen köcheln lassen. Dann nochmals durch ein mit einem Tuch ausgelegtes Sieb gießen. Die Consommé mit Salz, Pfeffer und nach Wunsch Sherry oder Madeira abschmecken.

FEIN & CREMIG

Sauerampfer-suppe

MACHT FRÜHLINGSLUSTIG

Für 4 Personen:
150 g Sauerampfer
2 Schalotten
50 g Butter | 2 EL Mehl
100 ml Weißwein (ersatzweise Hühner-
　oder Gemüsebrühe)
800 ml Hühner- oder Gemüsebrühe
　(siehe Seite 17 oder 19)
100 g Sahne | 1 Eigelb (M)
Salz | Pfeffer
1–2 EL frisch gepresster Zitronensaft
Zubereitung: ca. 20 Min.
Kochen: 25 Min.
Pro Portion: ca. 225 kcal, 3 g EW, 20 g F, 7 g KH

1　Den Sauerampfer abbrausen, trocken schütteln und die Blätter in dünne Streifen schneiden, Stiele wegwerfen. Die Schalotten schälen und klein würfeln.

2　Die Butter in einem Suppentopf zerlassen, die Schalotten darin glasig andünsten. Etwa ein Drittel des Sauerampfers dazugeben und kurz mitdünsten. Mehl darüberstäuben und unter Rühren anschwitzen. Wein dazugießen und gut unterrühren, dann nach und nach die Brühe und die Hälfte der Sahne dazugießen. Offen bei geringer Hitze ca. 25 Min. köcheln lassen.

3　Übrige Sahne mit dem Eigelb in einer Schüssel verrühren. Suppe vom Herd nehmen, den restlichen Sauerampfer zur Suppe geben und alles mit einem Stabmixer fein pürieren, salzen und pfeffern.

4　Die Eiersahne und 1 Schöpfkelle Suppe mit einem Schneebesen verrühren. Sahne in die Suppe rühren und nochmals erhitzen, aber nicht kochen lassen. Mit Salz, Pfeffer und Zitronensaft abschmecken.

Kräutergrüne Frühlingssuppe

VERTREIBT WINTERMÜDIGKEIT

Für 4 Personen:
600 g Kohlrabi | 150 g junge Möhren
6 Frühlingszwiebeln | 2 EL Butter
100 ml Weißwein (ersatzweise Gemüsebrühe)
800 ml Gemüsebrühe (siehe Seite 19)
200 g Sahne
Salz | Pfeffer
1 großer Bund Frühlingskräuter (z. B. Borretsch,
　Dill, Petersilie, Schnittlauch, Kerbel, Liebstöckel)
2 EL frisch gepresster Zitronensaft
Zubereitung: ca. 1 Std.
Pro Portion: ca. 250 kcal, 4 g EW, 21 g F, 8 g KH

1　Kohlrabi schälen, zarte Blättchen abbrausen und zur Seite legen, die Möhren schälen. Kohlrabi und Möhren in 1 cm große Würfel schneiden. Frühlingszwiebeln waschen und putzen, den weißen Teil in dicke, den grünen in dünne Ringe schneiden.

2　Die Butter in einem Suppentopf zerlassen, weiße Zwiebelringe, Möhren und Kohlrabi darin andünsten. Mit dem Wein ablöschen, Brühe und die Hälfte der Sahne dazugießen. Salzen, pfeffern und zugedeckt bei mittlerer Hitze 25–30 Min. köcheln lassen.

3　Inzwischen Kräuter waschen, trocken schütteln und mit den Kohlrabiblättchen fein schneiden, grobe Stiele eventuell entfernen. Beides mit 2–3 EL Sahne und dem Zitronensaft mit einem Stabmixer pürieren. Die übrige Sahne steif schlagen.

4　Die Hälfte des Kräuterpürees unter die Suppe rühren, alles mit dem Stabmixer schaumig aufmixen. Die Suppe auf Tellern verteilen. Das übrige Kräuterpüree unter die Sahne heben und auf der Suppe verteilen, mit den grünen Zwiebelringen bestreuen.

SAUERAMPFERSUPPE

KRÄUTERGRÜNE FRÜHLINGSSUPPE

Spargelcremesuppe

EDLER FRÜHLINGSKLASSIKER

Für 4 Personen:
500 g weißer Spargel
Salz
4 EL Butter
2 EL Mehl
100 ml Weißwein (ersatzweise
   Spargelsud, dann beim Spargel-
   kochen ca. 100 ml mehr Wasser
   nehmen)
100 g Sahne
1 EL frisch gepresster Zitronensaft
Pfeffer
frisch geriebene Muskatnuss
Zubereitung: ca. 20 Min.
Kochen: 35 Min.
Pro Portion: ca. 185 kcal,
3 g EW, 16 g F, 6 g KH

1   Spargel waschen und schälen, die unteren Enden wegschneiden. Die Spargelenden und -schalen mit ca. 1,1 l Wasser in einen Suppentopf geben und zum Kochen bringen. Salzen, 1 EL Butter dazugeben und die Spargelstangen in den Topf auf die Schalen legen. Zugedeckt bei mittlerer Hitze 20–25 Min. kochen lassen, bis der Spargel gar, aber nicht zu weich ist.

2   Spargelstangen aus dem Topf heben und beiseitelegen. Spargelsud durch ein Sieb abgießen und auffangen. Restliche Butter in dem Suppentopf zerlassen. Mehl darüberstäuben und unter Rühren goldgelb anschwitzen. Mit Wein ablöschen und alles gut mit einem Schneebesen verrühren. Dann nach und nach langsam den Spargelsud unterrühren. Suppe offen ca. 10 Min. bei mittlerer Hitze kochen lassen.

3   Den Spargel in 3–4 cm lange Stücke schneiden, Spitzen beiseitelegen. Zwei Drittel der Spargelstücke mit der Sahne in die Suppe geben und heiß werden lassen, dann mit einem Stabmixer schaumig pürieren. Mit Zitronensaft, Salz, Pfeffer und Muskat abschmecken. Übrige Spargelstücke und die Spargelspitzen in die Suppe geben und kurz heiß werden lassen. Dann die Suppe auf Teller verteilen und servieren.

Tipp   Wird die Suppe wie beschrieben zubereitet, schmeckt sie nach Spargel pur. Wer ganz gerne noch mehr Spargel und dazu Farbe möchte, gart zusätzlich 2–3 Stangen grünen Spargel mit (die grünen Stangen danach unbedingt kalt abschrecken, damit sie ihre schöne Farbe behalten). Anschließend grünen Spargel auch klein schneiden und zum Schluss mit den weißen Spargelstücken und -spitzen in die Suppe geben. Als optisches und aromatisches Plus eignen sich natürlich – wie fast immer – Kräuter: feiner Kerbel, der erste zarte Schnittlauch oder ein wenig Estragon. Wer zu Letztgenanntem greift – statt des Zitronensafts schmecken dann ein paar Spritzer Orangensaft und etwas abgeriebene Bio-Orangenschale.

Es geht doch nichts über eine einfache und ehrliche Kartoffelsuppe. Unser Favorit: eine samtig pürierte Cremesuppe. Da sie erstaunlich leicht und kalorienarm ist, kann man ruhig noch das ein oder andere einlegen oder ...

Cremige Kartoffelsuppe

Für 4 Personen:
1 kg mehligkochende Kartoffeln
1 große Möhre
120 g Knollensellerie
1 kleine Stange Lauch
2 Zwiebeln
2 EL Butter
1,5 l Gemüsebrühe (siehe
    Seite 19)
Salz | Pfeffer
frisch geriebene Muskatnuss
½ TL getrockneter Estragon
200 g Sahne
Zubereitung: ca. 20 Min.
Kochen: 25 Min.
Pro Portion: ca. 365 kcal,
7 g EW, 20 g F, 35 g KH

1   Kartoffeln, Möhre und Sellerie schälen und in 1,5 cm große Würfel schneiden. Den Lauch längs vierteln, waschen und putzen, die Viertel in ca. 1 cm breite Stücke schneiden. Zwiebeln schälen und klein würfeln. Butter in einem Topf zerlassen, Zwiebeln darin bei mittlerer Hitze goldgelb andünsten. Dann das Gemüse (bis auf die Kartoffeln) dazugegeben und unter Rühren braten, bis alles ganz leicht zu bräunen beginnt. Die Brühe und Kartoffeln dazugeben, mit Salz, Pfeffer, Muskat und Estragon würzen und alles zugedeckt 20–25 Min. kochen lassen.

2   Die Sahne unter die Suppe rühren und heiß werden lassen. Mit Salz, Pfeffer und Muskat abschmecken. Nach Belieben 1 Schöpfkelle Gemüse aus dem Topf nehmen, den Rest mit einem Stabmixer zu einer sämigen Suppe pürieren und die Gemüsestücke wieder unterrühren. Die Suppe je nach Wunsch mit einer Einlage (siehe Tipp) oder einem Topping (siehe rechts) servieren.

Tipp Klassische Suppeneinlagen sind Wiener Würstchen – ganz oder in Scheiben – oder kross gebratene Speckwürfel.

Variante Gemüse-Kartoffel-Suppe
Gut verstecktes Gemüse – fein püriert in einer cremigen Suppe – schmeckt oft auch Kindern, die Grünzeug sonst nur „bäh" finden. Dafür wie beschrieben eine Suppe aus 500 g mehligkochenden Kartoffeln und 750 g Gemüse zubereiten – je nach Gemüsesorte braucht es dabei eventuell etwas mehr oder weniger Brühe. Als Gemüse eignen sich (eine Sorte oder mehrere gemischt): Knollensellerie, Lauch, Möhren, Petersilienwurzeln, Pastinaken, Fenchel, Zucchini, Kohlrabi.

… auch einmal ein feines Topping obendrauf setzen – etwa Deftiges mit Speck oder eine ungewöhnliche vegetarische Kombination. Beides ist schnell gemacht, lässt sich sehr gut vorbereiten und dann abgekühlt auf die richtig heiße Suppe geben. Bleibt einem also lediglich die Qual der Wahl, für welche der beiden Varianten man sich entscheidet!

Tofu-Lauch-Topping

Für 4 Personen:
150 g Räuchertofu
1 Stange Lauch
1 kleiner Zweig Thymian
5 EL Kernemischung (Kürbis-, Sonnenblumen- und Pinienkerne – gibt es fertig zu kaufen)
1 EL Butter
Salz | Pfeffer
1–2 EL Sojasauce
Zubereitung: ca. 15 Min.
Pro Portion: ca. 135 kcal, 7 g EW, 10 g F, 4 g KH

1   Den Räuchertofu klein würfeln. Den grünen Teil der Lauchstange (den weißen Teil eventuell für die Suppe nehmen) längs halbieren, waschen und putzen, die Hälften längs in schmale Streifen und diese quer in feine Stücke schneiden. Thymian abbrausen und trocken schütteln, die Blättchen fein hacken. Kernemischung in einer Pfanne ohne Fett bei mittlerer Hitze rösten, bis sie zu duften beginnt, herausnehmen.

2   Die Butter in der warmen Pfanne zerlassen. Den Lauch darin hellbraun anbraten, dann Tofu, Thymian und die Kernemischung dazugeben und kurz weiterbraten. Mit wenig Salz und Pfeffer sowie der Sojasauce würzen, dabei alles unter Rühren weiterbraten, bis die Sojasauce verdampft ist. Das Topping in ein Schälchen füllen und warm oder abgekühlt zur Suppe servieren, sodass sich jeder davon nehmen kann.

Speck-Pflaumen-Topping

Für 4 Personen:
150 g durchwachsener Räucherspeck
8 getrocknete Pflaumen (ohne Stein)
5 Frühlingszwiebeln
1 EL Sonnenblumenöl
Salz | Pfeffer
1 Prise Zimtpulver
Zubereitung: ca. 15 Min.
Pro Portion: ca. 290 kcal, 4 g EW, 27 g F, 7 g KH

1   Den Speck und die Pflaumen getrennt in kleine Würfel schneiden. Die Frühlingszwiebeln waschen, putzen und den weißen und grünen Teil getrennt in feine Ringe schneiden.

2   Das Öl in einer Pfanne heiß werden lassen. Darin den Speck und die weißen Zwiebelringe bei mittlerer Hitze braun anbraten. Trockenpflaumen dazugeben, kurz mitbraten und mit wenig Salz und Pfeffer sowie dem Zimt würzen. Grüne Zwiebelringe unterrühren und die Pfanne vom Herd nehmen.

3   Das Topping in ein Schälchen füllen und am besten noch lauwarm zur Suppe servieren, sodass sich jeder davon nehmen kann.

GRÜNE ERBSENSUPPE

MARONENSUPPE

MAISCREMESUPPE

BÄRLAUCHSCHAUMSUPPE

Kleine Creme-süppchen

Grüne Erbsensuppe

Für 4 Personen | Zubereitung: ca. 30 Min.
Pro Portion: ca. 430 kcal, 10 g EW, 33 g F, 21 g KH

1 Zwiebel schälen und klein würfeln. 1 kleine mehlig-kochende Kartoffel schälen, waschen und 1 cm groß würfeln. 3 EL Butter in einem Suppentopf zerlassen, darin die Zwiebel bei mittlerer Hitze andünsten. Kartoffel, 500 g gefrorene TK-Erbsen, 50 ml Weißwein und 700 ml Gemüsebrühe (siehe Seite 19) dazugeben, aufkochen und zugedeckt ca. 20 Min. bei geringer Hitze köcheln lassen. 1 Stängel Basilikum und 1 Bund Minze abbrausen, trocken schütteln und getrennt fein schneiden. Minze und 80 ml Olivenöl mit einem Stabmixer fein pürieren, mit Salz und 1 Prise Zucker würzen. Basilikum kurz vor Garzeitende zur Suppe geben. Vom Herd nehmen, 100 g Schmand unterrühren, salzen, pfeffern, Suppe cremig pürieren. Auf Teller verteilen und mit Minzeöl beträufeln.

Bärlauchschaumsuppe

Für 4 Personen | Zubereitung: ca. 30 Min.
Pro Portion: ca. 185 kcal, 3 g EW, 14 g F, 10 g KH

100 g Bärlauch waschen, Stiele entfernen, die Blätter grob schneiden und mit 100 g Sahne mit einem Stabmixer pürieren, salzen, pfeffern. ½ l Gemüsebrühe (siehe Seite 19) erhitzen. 2 Schalotten schälen, klein würfeln. 2 EL Butter in einem Suppentopf zerlassen, Schalotten darin bei mittlerer Hitze andünsten. 2 EL Mehl darüberstäuben, kurz mitdünsten. Nach und nach die Brühe mit dem Schneebesen unterrühren, zum Schluss ¼ l Milch unterrühren. Mit Salz, Pfeffer, frisch geriebener Muskatnuss und Chilipulver würzen, 10 Min. bei geringer Hitze köcheln lassen. Die Hälfte der Bärlauchsahne unterrühren, Suppe weitere 5 Min. kochen. Mit etwas Zucker abschmecken und auf Teller verteilen. Übrige Sahne mit dem Stabmixer schaumig aufschlagen, den Schaum auf der Suppe verteilen.

Maiscremesuppe

Für 4 Personen | Zubereitung: ca. 40 Min.
Pro Portion: ca. 415 kcal, 11 g EW, 20 g F, 47 g KH

Von 3 vorgegarten Maiskolben (ca. 600 g, vakuumverpackt) die Körner mit einem Messer längs von den Kolben herunterschneiden. 120 g Lauch und 2 Stangen Staudensellerie waschen und putzen, 1 große Zwiebel schälen, alles klein würfeln. 50 g durchwachsenen Räucherspeck ebenfalls klein würfeln. 2 EL Sonnenblumenöl in einem Suppentopf erhitzen, darin den Speck bei mittlerer Hitze goldbraun anbraten. Lauch, Zwiebel und Sellerie dazugeben, 2 Min. mitbraten. 900 ml Hühnerbrühe (siehe Seite 17), 450 ml Milch, den Mais und 1 EL gehackten Thymian unterrühren. Die Suppe zugedeckt 15–20 Min. kochen lassen. Mit Salz, Pfeffer und je 2 Msp. gemahlenem Kreuzkümmel und Kurkumapulver abschmecken. 1–2 EL saure Sahne unterrühren und die Suppe mit einem Stabmixer nach Wunsch grobstückig oder feincremig pürieren.

Maronensuppe

Für 4 Personen | Zubereitung: ca. 30 Min.
Pro Portion: ca. 490 kcal, 8 g EW, 26 g F, 52 g KH

1 Zwiebel schälen und klein würfeln. 400 g gegarte Maronen (vakuumverpackt) grob hacken. 300 g Pastinaken schälen und klein würfeln. 1 kleine Stange Lauch putzen, längs halbieren, waschen und in dünne Ringe schneiden. 2 EL Butter in einem Suppentopf zerlassen, darin die Zwiebel bei mittlerer Hitze andünsten. Lauch und Pastinaken dazugeben und 2–3 Min. mitdünsten. Die Maronen und 1 EL gehackten Thymian unterrühren und kurz mitdünsten, dann 1,3 l Gemüsebrühe (siehe Seite 19) aufgießen. Alles zugedeckt 15–20 Min. kochen lassen. Inzwischen 100 g durchwachsenen Räucherspeck klein würfeln und in einer Pfanne ohne Fett knusprig braun braten, dabei gegen Ende 1 EL gehackten Thymian unterrühren. Suppe mit Salz, Pfeffer und 3–4 EL frisch gepresstem Zitronensaft würzen, 100 g Crème légère unterrühren. Vom Herd nehmen und die Suppe mit einen Stabmixer cremig pürieren. Den Thymianspeck auf die Suppe streuen, servieren.

Kleine Creme-süppchen

Knoblauchcremesuppe

Für 4 Personen | Zubereitung: ca. 30 Min.
Pro Portion: ca. 155 kcal, 5 g EW, 11 g F, 9 g KH

Die Zehen von 1 Knoblauchknolle schälen und zu
1 l Hühnerbrühe (siehe Seite 17) in einen Suppentopf
pressen, aufkochen. 3 Zweige Thymian abbrausen,
mit 1 Lorbeerblatt und 3 EL Noilly Prat (Vermouth) zur
Brühe geben. Bei geringer Hitze ca. 20 Min. köcheln
lassen. 12 Salbeiblätter abbrausen, trocken tupfen, in
feine Streifen schneiden. 2 Scheiben Weißbrot klein
würfeln. 2 EL Butter in einer Pfanne zerlassen, darin
Salbei und Brot goldbraun rösten, vom Herd nehmen.
Die Suppe durch ein feines Sieb in einen zweiten Topf
gießen. 4 Eigelb (M) und etwas Suppe mit einer Gabel
gut verquirlen, dann mit einem Schneebesen in die
Suppe rühren (nicht mehr kochen lassen!). Suppe auf
Schälchen verteilen, mit Salbeicroûtons bestreuen.

Forellencremesuppe

Für 4 Personen | Zubereitung: ca. 40 Min.
Pro Portion: ca. 305 kcal, 20 g EW, 23 g F, 5 g KH

300 g geräucherte Forellenfilets von der Haut lösen,
in Stückchen schneiden. 250 g Knollensellerie und
3 Schalotten schälen und klein würfeln. 2 EL Butter in
einem Suppentopf zerlassen, darin bei mittlerer Hitze
Schalotten und Sellerie andünsten. 800 ml Fischfond
(aus dem Glas) und die Fischhaut zugeben, zugedeckt
ca. 25 Min. kochen lassen. 200 g Sahne steif schlagen
und die Hälfte davon mit 2 TL Meerrettich (aus dem
Glas) vermischen. Haut aus der Suppe nehmen, Fischstücke dazugeben, kurz warm werden lassen. Alles
mit einem Stabmixer fein pürieren. Mit 1–2 TL frisch
gepresstem Zitronensaft, Salz und Pfeffer würzen, die
übrige Schlagsahne unterrühren. Die Suppe auf Teller
verteilen, Meerrettichsahne daraufgeben. Mit je 1 TL
Forellenkaviar und etwas Gartenkresse garnieren.

Champignoncremesuppe

Für 4 Personen | Zubereitung: ca. 35 Min.
Pro Portion: ca. 225 kcal, 5 g EW, 20 g F, 4 g KH

500 g braune Champignons putzen und in Scheiben
schneiden. 3 Schalotten und 1 Knoblauchzehe schälen
und klein würfeln. 2 EL Butter in einem Suppentopf
zerlassen, darin Schalotten und Knoblauch bei mittlerer Hitze andünsten. Pilze dazugeben, salzen, pfeffern
und 2 Min. mitdünsten. Nach Belieben mit 2 EL Cognac
ablöschen, dann ¾ l Gemüsebrühe (siehe Seite 19)
und 200 g Sahne dazugießen. Zugedeckt bei geringer
Hitze ca. 20 Min. köcheln lassen. 5 Stängel Petersilie
abbrausen und trocken schütteln, die dicken Stiele
grob hacken und zur kochenden Suppe geben. Blätter
fein hacken und kurz vor Garzeitende in die Suppe
rühren. Mit frisch geriebener Muskatnuss und 1–2 EL
frisch gepresstem Zitronensaft abschmecken. Die
Suppe mit einem Stabmixer schaumig pürieren.

Brokkoli-Käse-Cremesuppe

Für 4 Personen | Zubereitung: ca. 35 Min.
Pro Portion: ca. 290 kcal, 12 g EW, 23 g F, 8 g KH

400 g Brokkoli waschen, putzen und in Röschen zerteilen, den Stiel in kleine Stücke schneiden. 600 ml
Gemüsebrühe (siehe Seite 19) zum Kochen bringen,
darin Brokkoli in ca. 10 Min. gar, aber nicht zu weich
kochen. Abgießen und die Brühe auffangen. 1 große
Zwiebel schälen, klein würfeln. 2 EL Butter in einem
Suppentopf zerlassen, darin die Zwiebel bei mittlerer
Hitze andünsten. 1 EL Mehl darüberstäuben und anschwitzen. Brühe nach und nach mit einem Schneebesen unterrühren. ¼ l Milch dazugießen, salzen,
pfeffern und alles zugedeckt 10 Min. kochen lassen.
1 EL Butter in einer Pfanne zerlassen, darin 5 EL Hasel-
nussblättchen goldbraun rösten und herausnehmen.
80 g frisch geriebenen Greyerzer in die Suppe geben
und unter Rühren schmelzen lassen. Brokkoli bis auf
ein paar Röschen dazugeben, heiß werden lassen.
Mit Salz, Pfeffer, frisch geriebener Muskatnuss und
edelsüßem Paprikapulver abschmecken. Die Suppe
mit einem Stabmixer pürieren, auf Teller verteilen und
übrige Brokkoliröschen und die Nüsse daraufgeben.

VON RECHTS UNTEN IM UHRZEIGERSINN: FORELLENCREMESUPPE, BROKKOLI-KÄSE-CREMESUPPE, KNOBLAUCHCREMESUPPE, CHAMPIGNONCREMESUPPE

Selleriecremesuppe
mit Gorgonzola und Birnen

UNGEWÖHNLICHE KOMBI FÜR GENIESSER

Für 4 Personen:
600 g Knollensellerie
1 kleine mehligkochende
    Kartoffel
1 große Zwiebel
4 EL Butter
100 ml Weißwein (ersatzweise
    Gemüsebrühe)
400 ml Gemüsebrühe (siehe
    Seite 19)
¼ l Milch
200 g Sahne
Salz | Pfeffer
150 g Gorgonzola
1 rundliche dicke Birne
2 EL frisch gepresster
    Zitronensaft
1 EL Honig
1 EL Zucker
1–2 EL Birnenbrand (nach
    Belieben)
Zubereitung: ca. 40 Min.
Pro Portion: ca. 490 kcal,
13 g EW, 38 g F, 21 g KH

1   Sellerie und Kartoffel schälen und in kleine Würfel schneiden. Die Zwiebel schälen und ebenfalls klein würfeln. In einem Suppentopf 2 EL Butter zerlassen, darin die Zwiebel andünsten. Sellerie und Kartoffel dazugeben und unter Rühren ca. 3 Min. mitdünsten. Wein, Brühe, Milch und Sahne unterrühren, salzen und pfeffern. Alles zugedeckt ca. 20 Min. bei mittlerer Hitze kochen lassen, bis der Sellerie gar ist.

2   Inzwischen den Gorgonzola in kleine Würfel schneiden. Die Birne waschen, vierteln und das Kerngehäuse herausschneiden. Die Birnen-viertel jeweils längs in 3 dünne Spalten schneiden und in 1 EL Zitronen-saft wenden. Übrige Butter in einer Pfanne zerlassen. Die Birnen darin ca. 2 Min. bei mittlerer Hitze braten, dann Honig und Zucker dazugeben, ca. 3 Min. weiterbraten. Zum Schluss eventuell Birnengeist einrühren und unter Rühren verdampfen lassen. Die Pfanne vom Herd nehmen.

3   Die Hälfte des Gorgonzolas in die Suppe geben und unter Rühren darin schmelzen lassen. Die Suppe mit Salz, Pfeffer und dem übrigen Zitronensaft abschmecken, mit dem Stabmixer cremig pürieren. Die Suppe auf Teller verteilen und jeweils 3 Birnenspalten und ein paar Gorgonzolawürfel daraufgeben.

Tipp   Blauschimmelkäse ist sehr kräftig im Geschmack und nicht jedermanns Sache. Darum kann man als Alternative den Käse auch weglassen und dafür die Suppe etwas kräftiger mit Salz und Pfeffer sowie frisch geriebener Muskatnuss und 1 Prise Chilipulver würzen.

Variante Walnuss-Orangen-Gremolata
Wer den Käse weglässt, kombiniert die Birne mit einer nussigen, fruchtigen Gremolata. Dafür 6 Walnusshälften grob hacken und mit der fein abgeriebenen Schale von ½ Bio-Orange, ½ klein gehackten roten Chilischote (ohne die Kerne) und 3 EL gehackter Petersilie ver-mischen. Die Gremolata mit den Birnen auf die Suppe geben.

Rote-Bete-Suppe mit Kren

WÄRMT UND HÄLT GESUND

Für 4 Personen:
750 g Rote Beten
2 Schalotten | 1 EL Butter
800 ml Gemüse- oder Rinderbrühe (siehe
 Seite 19 oder 11)
1 TL getrockneter Majoran
100 g Crème fraîche
2–3 EL frisch gepresster Zitronensaft
2 EL Meerrettich (Kren, aus dem Glas)
Salz | Pfeffer
1 großer säuerlicher Apfel (z. B. Boskop)
4 TL Preiselbeeren (aus dem Glas)
Zubereitung: ca. 55 Min.
Pro Portion: ca. 225 kcal, 3 g EW, 13 g F, 21 g KH

1   Die Roten Beten schälen und in ca. 1 cm große Würfel schneiden (dabei Gummihandschuhe tragen, das Gemüse färbt stark!). Schalotten schälen und klein würfeln. Butter in einem Suppentopf zerlassen, darin die Schalotten andünsten. Rote Beten dazugeben und kurz mitdünsten, dann Brühe und Majoran unterrühren. Alles zugedeckt 35–40 Min. bei mittlerer Hitze kochen lassen, bis die Roten Beten gar sind.

2   Inzwischen die Crème fraîche mit 1 EL Zitronensaft, Meerrettich und 1 Prise Salz und Pfeffer glatt verrühren. Apfel schälen, vierteln und das Kerngehäuse herausschneiden. Die Apfelviertel klein würfeln und mit 1 EL Zitronensaft mischen.

3   Den Apfel in die Suppe geben und sofort alles mit einem Stabmixer fein pürieren. Nach Belieben die Suppe noch durch ein feines Sieb streichen. Mit Salz, Pfeffer und eventuell dem restlichen Zitronensaft abschmecken. Suppe auf Teller verteilen, je einen Klecks Meerrettichcreme und Preiselbeeren daraufgeben.

Wurzelsuppe mit Maronen

PERFEKTE HERBSTKOMBINATION

Für 4 Personen:
je 200 g Petersilienwurzeln, Knollensellerie
 und Möhren
1 große mehligkochende Kartoffel
1 Zwiebel | 3 EL Butter
100 ml Weißwein (ersatzweise Gemüsebrühe)
800 ml Gemüsebrühe (siehe Seite 19)
Salz | Pfeffer | Chilipulver
1 EL frisch gepresster Zitronensaft
100 g gegarte Maronen (vakuumverpackt)
2 EL Zucker | 4 Stängel Petersilie
100 g Sahne
Zubereitung: ca. 50 Min.
Pro Portion: ca. 255 kcal, 3 g EW, 15 g F, 25 g KH

1   Gemüse und Kartoffel schälen und klein würfeln. Die Zwiebel schälen und klein würfeln. 2 EL Butter in einem Suppentopf zerlassen, die Zwiebel darin andünsten. Gemüse und Kartoffel dazugeben und kurz mitdünsten. Wein und ca. 700 ml Brühe dazugießen, mit Salz, Pfeffer, Chili und Zitronensaft würzen, alles zugedeckt bei geringer Hitze 25 Min. köcheln lassen.

2   Inzwischen die Maronen grob schneiden. Den Zucker in einer beschichteten Pfanne bei mittlerer Hitze hellbraun karamellisieren lassen. Die Maronen dazugeben und durchschwenken, übrige Brühe vorsichtig dazugießen (es kann spritzen!). Alles unter Rühren kochen lassen, bis sich der Karamell gelöst hat und die Flüssigkeit fast verdampft ist, dann die übrige Butter unterrühren.

3   Petersilie abbrausen, trocken schütteln und fein hacken. Sahne unter die Suppe rühren, mit einem Stabmixer cremig pürieren. Die Suppe auf Teller verteilen, Maronen daraufgeben, Petersilie aufstreuen.

ROTE-BETE-SUPPE MIT KREN

WURZELSUPPE MIT MARONEN

LINKS: TOPINAMBURSUPPE | RECHTS: WEISS-GRÜNE PETERSILIENSUPPE

Weiß-grüne Petersiliensuppe

HINGUCKER, DER AUCH KINDERN SCHMECKT

Für 4 Personen:
700 g Petersilienwurzeln
1 Zwiebel
1 EL Butter
800 ml Gemüsebrühe (siehe Seite 19)
40 g Petersilie
1 EL Pistazienkerne
120 g Sahne
3 EL frisch gepresster Zitronensaft
Salz | Pfeffer
frisch geriebene Muskatnuss
Zubereitung: ca. 40 Min.
Pro Portion: ca. 195 kcal, 5 g EW, 14 g F, 11 g KH

1   Die Petersilienwurzeln schälen und in dünne Scheiben oder kleine Stücke schneiden. Die Zwiebel schälen und klein würfeln. Butter in einem Suppentopf zerlassen, darin die Zwiebel bei mittlerer Hitze andünsten. Die Petersilienwurzeln dazugeben und 1 Min. mitdünsten. Mit der Brühe aufgießen und alles zugedeckt 15–20 Min. kochen lassen.

2   Inzwischen die Petersilie abbrausen, trocken schütteln und mit den Stängeln grob schneiden. Die Pistazien grob hacken. Sahne in die Suppe gießen, mit der Hälfte des Zitronensafts, Salz, Pfeffer und Muskat würzen. Mit einem Stabmixer fein pürieren.

3   Von der Suppe 2–3 Schöpfkellen abnehmen und in einem hohen Gefäß mit der Petersilie und den Pistazien mit dem Stabmixer cremig pürieren. Die Suppe auf Teller verteilen und jeweils etwas vom Petersilienpüree halbkreisförmig hineingeben. Das Püree dann mit dem Stiel eines Löffels kreisförmig zu Schlieren in die Suppe ziehen, servieren.

Topinambursuppe

„ALTES" GEMÜSE IN FEINEM GEWAND

Für 4 Personen:
750 g Topinambur
2 Schalotten
1 kleines Stück Lauch (ca. 30 g)
1 EL Butter
120–150 ml Weißwein (ersatzweise
  2–3 EL frisch gepresster Zitronensaft)
800 ml Gemüsebrühe (siehe Seite 19)
Salz | weißer Pfeffer
80 g Sahne
Zubereitung: ca. 50 Min.
Kochen: 30 Min.
Pro Portion: ca. 140 kcal, 4 g EW, 9 g F, 8 g KH

1   Die Topinamburknollen waschen, mit dem Sparschäler und dem Messer schälen und in 2 cm große Stücke schneiden. Die Schalotten schälen und klein würfeln. Den Lauch längs halbieren, waschen und in feine Streifen schneiden.

2   Die Butter in einem Suppentopf zerlassen, darin Topinambur, Schalotten und den Lauch bei geringer Hitze andünsten. Mit einem kräftigen Schuss Wein ablöschen und bei starker Hitze einkochen lassen. Erneut einen Schuss Wein dazugeben und wieder einkochen lassen. Die Brühe und den übrigen Wein (bis auf 3–4 EL) dazugießen, salzen, pfeffern und alles bei geringer Hitze 25–30 Min. köcheln lassen.

3   Sobald die Topinambur gar sind, die Sahne zur Suppe gießen und heiß werden lassen. Mit restlichem Wein, Salz und Pfeffer abschmecken. Suppe mit einem Stabmixer cremig pürieren und auf Teller verteilen. Besonders edel wirkt die Suppe mit farbigen Gemüsechips (siehe Seite 56) als Garnitur.

Kürbis-Apfel-Suppe

HERBSTKLASSIKER NEU AUFGELEGT

Für 4 Personen:

1 kg Kürbis (z. B. Hokkaido-
   oder Moschuskürbis, geputzt
   sind das ca. 750 g)
2 säuerliche Äpfel (z. B. Boskop)
2–3 EL frisch gepresster Zitronensaft
1 Stange Lauch
1 große Zwiebel
2 EL Butter
2 EL Zucker
800 ml Gemüse- oder Hühnerbrühe (siehe Seite 19 oder 17)
Salz | Pfeffer
2 Msp. Currypulver
½ TL gemahlener Koriander
80 g Sahne
Zubereitung: ca. 35 Min.
Kochen: 25 Min.
Pro Portion: ca. 245 kcal,
4 g EW, 12 g F, 27 g KH

1   Aus dem Kürbis alle Kerne samt den Fasern herauskratzen und die Schale wegschneiden. Kürbisfleisch in 1–2 cm große Würfel schneiden. Die Äpfel waschen, vierteln und das Kerngehäuse herausschneiden. Die Apfelviertel ebenfalls 1–2 cm groß würfeln und mit 1 EL Zitronensaft mischen. Lauch längs halbieren, waschen, putzen und in dünne Streifen schneiden. Die Zwiebel schälen, längs halbieren und in dünne Streifen schneiden.

2   Die Butter in einem Suppentopf zerlassen. Zwiebel und Lauch darin bei mittlerer Hitze langsam andünsten. Den Zucker darüberstreuen und leicht karamellisieren lassen – dabei immer wieder umrühren, damit am Boden nichts anbrennt! Kürbis und Äpfel dazugeben und 2 Min. mitdünsten. Brühe dazugießen, mit Salz, Pfeffer, Curry und Koriander würzen. Alles zugedeckt 20–25 Min. kochen lassen.

3   Dann die Sahne dazugießen und heiß werden lassen. Die Suppe mit einem Stabmixer cremig pürieren. Mit übrigem Zitronensaft, Salz und Pfeffer abschmecken.

Tipp   Besonders fein schmeckt die Suppe mit knusprigen Knoblauch-Kräuter-Croûtons (siehe Seite 56) oder gebratenen Apfelspalten, (ähnlich der Birnenspalten von Seite 48 – einfach in Butter braten, mit Honig und Zucker karamellisieren und nach Wunsch mit etwas Calvados ablöschen).

Variante Steirische Kürbissuppe

Dazu im Suppentopf 3 EL Butter zerlassen. Darin 3 klein gewürfelte Schalotten kurz andünsten, ca. 500 g klein gewürfeltes Kürbisfleisch dazugeben und unter Rühren ca. 3 Min. mitdünsten, salzen, pfeffern. 800 ml Gemüsebrühe dazugießen und alles zugedeckt 20–25 Min. bei mittlerer Hitze kochen lassen. Inzwischen 3 EL Kürbiskerne in einer Pfanne ohne Fett anrösten. 200 g Sahne in die Suppe gießen und mit frisch geriebener Muskatnuss und 1–2 Msp. gemahlenem Kümmel würzen. Mit einem Stabmixer fein pürieren. Die Suppe auf Teller verteilen, mit den Kürbiskernen bestreuen und nach Wunsch mit etwas Kürbiskernöl beträufeln.

Für Cremesuppen: Feines on top

Gemüsechips

Für 4 Personen | Zubereitung: ca. 15 Min.
Pro Portion: ca. 190 kcal, 3 g EW, 12 g F, 17 g KH

1 kleine Rote Bete, 1 Pastinake, 3–4 Topinambur oder 1 kleine Süßkartoffel schälen und in ganz feine Scheiben schneiden oder hobeln. Auf Küchenpapier auslegen. Ca. ¾ l Öl zum Frittieren in der Fritteuse oder einem großen Topf erhitzen (es ist heiß genug, sobald an einem Holzlöffelstiel, den man hineinhält, kleine Luftbläschen perlend nach oben aufsteigen). Das Gemüse gut trocken tupfen und dann im Öl in 3–4 Min. knusprig frittieren. Mit einem Schaumlöffel herausheben, auf Küchenpapier abtropfen lassen und sofort salzen. Tipp: Am besten gleich ein paar Chips mehr machen – sie schmecken nicht nur zur Suppe, sondern auch als Knabberei zu Wein und Bier.

Käse-Brot-Ecken

Für 4 Personen | Zubereitung: ca. 15 Min.
Pro Portion: ca. 175 kcal, 11 g EW, 11 g F, 7 g KH

Backofen auf höchster Stufe vorheizen. 3 Scheiben Toastbrot im Ofen (oder auch im Toaster) leicht hellbraun rösten. 120 g frisch geriebenen Greyerzer, 1 Ei (S) und 1 EL Schnittlauchröllchen oder gehackte Petersilie gut verrühren, mit 1 Msp. Chilipulver und frisch geriebener Muskatnuss würzen. Die Masse auf die Toastscheiben streichen und festdrücken, dann die Toasts diagonal vierteln und auf ein mit Backpapier ausgelegtes Blech legen. Den Backofengrill zuschalten und die Toastecken im Ofen (Mitte) in 3–5 Min. goldbraun gratinieren. Mit Pfeffer übermahlen und am besten noch warm in die Suppe setzen.

Knoblauch-Kräuter-Croûtons

Für 4 Personen | Zubereitung: ca. 10 Min.
Pro Portion: ca. 62 kcal, 1 g EW, 4 g F, 5 g KH

2 Scheiben Toastbrot oder Weißbrot in 1–1,5 cm große Würfel schneiden, 1 Knoblauchzehe schälen. 2 EL Butter in einer beschichteten Pfanne bei mittlerer Hitze zerlassen. Den Knoblauch dazupressen, 1 EL gehackten Thymian und die Brotwürfel unterrühren. Das Brot unter Rühren goldbraun rösten, gegen Ende mit Salz, Pfeffer und 1 Msp. edelsüßem Paprikapulver würzen und nochmals gut durchrühren. Die Croûtons warm auf die Suppe geben. Tipp: Eine feine Ergänzung sind Pinien-, Sonnenblumen- oder Kürbiskerne, die man mit dem Brot in der Butter anröstet (eventuell dann ein wenig mehr Butter verwenden).

Sahnehäubchen

Für 4 Personen | Zubereitung: ca. 5 Min.
Pro Portion: ca. 105 kcal, 1 g EW, 10 g F, 2 g KH

100 g Sahne mit den Quirlen des Handrührgeräts nicht ganz steif schlagen. Dann vorsichtig entweder ½ TL Currpulver, 1 EL Meerrettich (aus dem Glas), 1 EL Wasabipaste (aus der Tube), 1 EL Bärlauchpaste (aus dem Glas), 1 EL Pesto (aus dem Glas) oder 2 EL fein gehackte Kräuter – passend zur jeweiligen Suppe ausgewählt – unterheben. Je einen großen Klecks auf die Suppe im Teller geben und nach Wunsch leicht mit einem Löffel oder einer Gabel einziehen. Tipp: Für einen leichten Schaum die Sahne in einem kleinen Topf erhitzen, mit einem Stabmixer schaumig aufschlagen. Die Aromazutaten nach Wunsch unterschlagen und den Schaum auf die – am besten vorher nochmals kurz schaumig aufgemixte – Suppe geben.

VON RECHTS OBEN IM UHRZEIGERSINN NACH LINKS: KNOBLAUCH-KRÄUTER-CROÛTONS, KÄSE-BROT-ECKEN, SAHNEHÄUBCHEN, GEMÜSECHIPS

Safran-Fischsuppe mit Gemüse

DARIN MÖCHTE JEDER LACHS GERNE SCHWIMMEN

Für 4 Personen:
2 Stangen Staudensellerie
1 dicke Möhre
1 Zucchino
80 g Lauch
2 Schalotten
1 Knoblauchzehe
2 EL Butter
Salz | Pfeffer
100 ml Weißwein (ersatzweise
  Fischbrühe oder -fond)
800 ml Fischbrühe (siehe Seite 17)
  oder Fischfond (aus dem Glas)
2 Prisen Safranfäden
350 g Lachsfilet (ohne Haut)
200 g Sahne
2 Eigelb (M)
4 Stängel Petersilie
Zubereitung: ca. 40 Min.
Pro Portion: ca. 480 kcal,
25 g EW, 39 g F, 7 g KH

1 Das Gemüse waschen oder schälen und putzen, dann alles in ca. 5 cm lange Stücke schneiden. Selleriestücke längs in feine Stifte schneiden. Den Zucchino und die Möhre erst längs in dünne Scheiben schneiden, dann diese übereinanderlegen und längs in feine Stifte schneiden. Die Lauchstücke längs halbieren und die Hälften ebenfalls längs in feine Streifen schneiden. Schalotten und Knoblauch schälen und in kleine Würfel schneiden.

2 Die Butter in einem Suppentopf zerlassen. Darin erst Schalotten und Knoblauch andünsten, dann das Gemüse dazugeben und 2 Min. mitdünsten, salzen und pfeffern. Den Wein dazugießen und 1 Min. kochen lassen, dann die Brühe oder den Fond dazugießen. Den Safran zwischen den Fingern zerreiben, unterrühren und alles zugedeckt bei mittlerer Hitze ca. 12 Min. kochen lassen.

3 Inzwischen den Lachs in ca. 1 x 2 cm große Stücke schneiden. 100 g Sahne und die Eigelbe in einer kleinen Schüssel gut mit einem Schneebesen verrühren. Übrige Sahne in die Suppe einrühren, den Lachs einlegen und in 3–5 Min. bei geringer Hitze gar ziehen lassen, Topf vom Herd nehmen. Die Petersilie abbrausen, trocken schütteln und die Blättchen fein hacken.

4 Ungefähr 1 Schöpfkelle Gemüse und 3 Kellen Flüssigkeit (keinen Lachs!) von der Suppe abnehmen und in einem hohen Rührgefäß mit einem Stabmixer schaumig pürieren. 1 Schöpfkelle davon zu der Eiersahne geben und gründlich mit dem Schneebesen verrühren. Dann alles zurück zur Suppe gießen und verrühren. Die Suppe eventuell nochmals erhitzen, aber auf keinen Fall mehr kochen lassen. Dann mit Petersilie bestreuen und sofort servieren.

SOMMERLICH AROMATISCH

Tomatencremesuppe

DER UNSCHLAGBARE KLASSIKER MIT SONNENSATTEN TOMATEN

Für 4 Personen:

1 kg vollreife (Flaschen-)Tomaten (ersatzweise 1 Dose geschälte Tomaten, 800 g Inhalt)

1 Stange Staudensellerie

1 kleine Möhre

1 Zwiebel

1 Knoblauchzehe

1 kleine rote Chilischote (nach Belieben)

3 EL Olivenöl

50 ml Weißwein (ersatzweise Gemüsebrühe)

400 ml Gemüsebrühe (siehe Seite 19)

Salz | Pfeffer

2–3 Prisen Zucker

4 Stängel Basilikum

100 g Sahne (nach Belieben)

Zubereitung: ca. 25 Min.

Kochen: 30 Min.

Pro Portion: ca. 205 kcal, 4 g EW, 16 g F, 10 g KH

1 Die Tomaten waschen und in grobe Stücke schneiden, dabei die Stielansätze entfernen und den ablaufenden Saft auffangen. Staudensellerie waschen und putzen, Möhre, Zwiebel und Knoblauch schälen, alles klein würfeln. Wer Schärfe schätzt: Chilischote längs halbieren, Kerne entfernen, die Hälften waschen und fein hacken.

2 Öl in einem Suppentopf erhitzen. Darin bei mittlerer Hitze Zwiebel, Knoblauch und nach Wunsch die Chilischote andünsten. Sellerie und Möhre dazugeben und 2–3 Min. mitdünsten. Mit Wein ablöschen und das Gemüse unter Rühren weiterdünsten, bis die Flüssigkeit verdampft ist. Tomaten samt Saft und die Brühe unterrühren, mit Salz, Pfeffer und Zucker würzen. Offen bei geringer Hitze ca. 30 Min. köcheln lassen.

3 Die Suppe mit einem Stabmixer pürieren und nach Wunsch noch durch ein Sieb streichen. Basilikumblättchen von den Stängeln zupfen, in Streifen schneiden. Eventuell die Sahne mit den Quirlen des Handrührgeräts steif schlagen. Suppe auf Teller verteilen und nur mit Basilikum bestreuen oder zusätzlich noch einen Klecks Sahne daraufgeben.

Tipp Wer möchte, kann auch Parmesannocken (Seite 27) oder Knoblauch-Kräuter-Croûtons (Seite 56) in die Suppe geben.

Variante Tomaten-Brot-Suppe

Für eine toskanische „Pappa al Pomodore" 2 fein gehackte Knoblauchzehen in 5 EL Olivenöl andünsten. 1 kg klein geschnittene frische Tomaten oder 1 Dose geschälte Tomaten samt Saft (Tomaten in der Dose zerkleinern) und 400 ml Gemüsebrühe dazugeben, mit Salz und Pfeffer würzen. Offen ca. 45 Min. bei geringer Hitze köcheln lassen. 400 g Ciabatta (vom Vortag) ca. 1,5 cm groß würfeln. 6 EL Olivenöl in einer beschichteten Pfanne erhitzen, 1 Knoblauchzehe dazupressen, 1 TL gehackten Fenchelsamen unterrühren. Brot dazugeben und hellbraun rösten, dann unter die Suppe rühren und diese weitere 15 Min. köcheln lassen. Dabei aufpassen, dass die Suppe nicht am Topfboden anhängt, darum ab und zu umrühren. Mit gehacktem Basilikum bestreuen und servieren.

Paprikasuppe mit zweierlei Röstbaguette

SOUVENIR AUS SÜDFRANKREICH

Für 4 Personen:

1,2 kg gelbe Paprikaschoten
1 große Zwiebel
3 Knoblauchzehen
4 Stängel Majoran
3 EL Olivenöl
100 ml Weißwein (ersatzweise
　Gemüsebrühe)
900 ml Gemüsebrühe (siehe
　Seite 19)
1 Ziegenfrischkäse (ca. 125 g)
8 dünne Scheiben Baguette
Pfeffer
2 EL schwarze Oliventapenade
　(aus dem Glas)
200 g Sahne
Salz
edelsüßes Paprikapulver
Zubereitung: ca. 50 Min.
Pro Portion: ca. 495 kcal,
13 g EW, 33 g F, 34 g KH

1 Paprikaschoten halbieren, putzen, waschen und 2 cm groß würfeln. Zwiebel und 2 Knoblauchzehen schälen und klein würfeln. Den Majoran abbrausen und trocken schütteln, die Blättchen fein hacken. 2 EL Öl in einem Suppentopf erhitzen, darin Zwiebel und gewürfelten Knoblauch bei mittlerer Hitze andünsten. Paprika und 1 EL Majoran dazugeben, ca. 3 Min. mitdünsten. Wein dazugießen, fast vollständig einkochen lassen, Brühe dazugießen und alles zugedeckt 25–30 Min. kochen lassen.

2 Inzwischen den Backofen auf höchster Stufe vorheizen, dann den Grill zuschalten. Ziegenkäse in 4 Stücke teilen und mit übrigem Majoran bestreuen. Die Brotscheiben im Ofen (oben) hellbraun rösten, herausnehmen. Übrige Knoblauchzehe schälen, halbieren und damit die Brotscheiben auf einer Seite einreiben. Käse auf 4 Brotscheiben legen und mit einem Messer leicht flach- und festdrücken, restliches Öl darüberträufeln, pfeffern. Die Scheiben nochmals unter dem Grill rösten, bis der Käse leicht bräunt. Übrige Brotscheiben mit der Tapenade bestreichen.

3 Die Sahne zur Suppe gießen, heiß werden lassen. Mit Salz, Pfeffer und Paprikapulver würzen, mit einem Stabmixer fein pürieren. Suppe auf Teller verteilen und mit den Röstbaguettes servieren.

Variante Röst-Paprikasuppe

Dafür 1,2 kg rote Paprikaschoten wie beschrieben vorbereiten, dann in einer großen beschichteten Pfanne in 4 EL Öl ca. 5 Min. bei starker Hitze braten – die Haut darf ruhig etwas braun werden –, salzen und pfeffern. 2 in Scheiben geschnittene Knoblauchzehen, 1 EL gehackten Thymian und 2 EL Sherry dazugeben. Sobald die Flüssigkeit eingekocht ist, wieder wenig Wasser dazugeben. Die Paprika auf diese Weise 15–20 Min. braten. 1,2 l Gemüsebrühe erhitzen, die Paprika hineingeben, mit 1 EL gehacktem Thymian, 1 TL edelsüßem Paprikapulver, 2–3 Prisen Chilipulver und eventuell etwas Sherry würzen. Offen bei mittlerer Hitze 8–10 Min. köcheln lassen, dann mit einem Stabmixer schaumig pürieren und mit den Röstbaguettes servieren.

Bohnencremesuppe
mit karamellisierten Tomaten

STATT IM DEFTIGEM EINTOPF: HEUTE BOHNEN MAL GANZ FEIN

Für 4 Personen:

300 g getrocknete, kleine
  weiße Bohnen
1,5 l Gemüsebrühe (siehe
  Seite 19)
4 Stangen Staudensellerie
1 große Zwiebel
3 Knoblauchzehen
4 Zweige Thymian
2 Zweige Rosmarin
1 getrocknete Chilischote
100 g durchwachsener Räucherspeck
400 g Kirschtomaten
1 TL Zucker
2 EL Aceto balsamico
4 EL Olivenöl
Salz | Pfeffer
2 EL Crème fraîche
Zubereitung: ca. 35 Min.
Einweichen: 12 Std.
Kochen: 1 Std. 15 Min.
Pro Portion: ca. 360 kcal,
6 g EW, 30 g F, 12 g KH

1   Bohnen in einer Schüssel mit reichlich kaltem Wasser bedecken und 12 Std. (am besten über Nacht) einweichen. Danach in ein Sieb abgießen, abbrausen und mit der Brühe in einen Suppentopf geben. Staudensellerie waschen, putzen und in dünne Scheiben schneiden. Zwiebel und Knoblauch schälen, Zwiebel grob würfeln, Knoblauch in feine Scheiben schneiden. Die Kräuter abbrausen.

2   Sellerie, Zwiebel, zwei Drittel des Knoblauchs, Chilischote, Speck im Ganzen, den Thymian und 1 Zweig Rosmarin mit in den Topf geben. Alles aufkochen, dann zugedeckt bei mittlerer Hitze ca. 1 Std. 15 Min. kochen lassen, bis die Bohnen weich sind.

3   Inzwischen den Backofen auf 175° vorheizen. Tomaten waschen, halbieren und mit der Schnittfläche nach oben in eine kleine Auflaufform legen. Vom übrigen Rosmarin die Nadeln abzupfen, fein hacken und mit den restlichen Knoblauchscheiben zu den Tomaten geben. Die Tomaten mit Zucker bestreuen, mit Essig und Öl beträufeln, kräftig salzen und pfeffern. Im Ofen (Mitte, Umluft 160°) 30–35 Min. garen, dabei einmal mit dem ausgetretenen Saft begießen, eventuell wenden. Den Ofen ausschalten und die Tomaten darin warm halten.

4   Die Bohnen in ein Sieb abgießen, den Kochsud dabei auffangen. Speck, Chilischote und Kräuterzweige herausnehmen. Die Bohnen mit ca. ¾ l Kochsud zurück in den Topf geben, Crème fraîche unterrühren, mit Salz und Pfeffer abschmecken, mit einem Stabmixer fein pürieren. Die Suppe in Schalen oder auf Teller verteilen, jeweils einige Tomaten daraufgeben und etwas von der Tomatengarflüssigkeit darüberträufeln.

Griechische Zitronen-Hühner-Suppe

SCHMECKT NACH SOMMER, SONNE UND MEE(H)R

Für 4 Personen:
Für die Brühe:
1 Suppenhuhn (ca. 1,4 kg,
   eventuell vom Metzger teilen
   lassen)
2 Lorbeerblätter
½ EL schwarze Pfefferkörner
2 Möhren
2 Stangen Staudensellerie
150 g Lauch
1 Zwiebel
2 Knoblauchzehen
8 Zweige Thymian
8 Stängel Petersilie
Salz | Pfeffer
frisch geriebene Muskatnuss
Für die Einlage:
80 g Langkornreis
Salz
2 Eier (M)
2 Eigelb (M)
frisch ausgepresster Saft
   von 2 Zitronen
4 Stängel Petersilie
Zubereitung: ca. 45 Min.
(+ Auskühlzeit)
Kochen: 2 Std. 15 Min.
Pro Portion: ca. 840 kcal,
56 g EW, 59 g F, 20 g KH

1   Wie auf Seite 17 beschrieben eine Hühnerbrühe kochen: Dazu statt des Hühnerkleins das Suppenhuhn in Wasser aufkochen und abgießen. Dann mit Lorbeerblättern und Pfefferkörner in 1,7 l frischem Wasser bei geringer Hitze 30 Min. köcheln lassen, dabei den Schaum abschöpfen.

2   Das Gemüse waschen oder schälen und putzen, grob schneiden. Zwiebel und Knoblauch schälen und halbieren, Kräuter abbrausen. Alles zum Huhn geben, zugedeckt weitere 1 Std. 45 Min. köcheln lassen. Mit Salz, Pfeffer und Muskat würzen. Huhn herausheben, die Brühe durch ein Sieb gießen, auskühlen lassen und entfetten.

3   Den Reis nach Packungsangabe in Salzwasser garen, in ein Sieb abgießen und abtropfen lassen. Gegartes Huhn häuten, Fleisch von den Knochen lösen und in kleine Stücke schneiden. 1 l Hühnerbrühe abmessen (Rest anderweitig verwenden oder einfrieren) und erhitzen.

4   Eier und Eigelbe in einer Schüssel mit dem Schneebesen schaumig rühren, dann nach und nach Zitronensaft unterschlagen. 1 Schöpfkelle heiße Brühe dazugeben, sofort unterschlagen, dann noch 2–3 Kellen Brühe unterrühren. Eiermischung in die Suppe rühren, Hühnerfleisch und Reis dazugeben. Suppe bei geringer Hitze erwärmen – nicht mehr kochen lassen, sonst gerinnt das Ei. Petersilie abbrausen und trocken schütteln, die Blättchen fein hacken und auf die Suppe streuen.

Variante Hühnercremesuppe

Dafür wie beschrieben eine Brühe kochen und das Fleisch vorbereiten. 2 EL Butter zerlassen, darin 3 fein gewürfelte Schalotten andünsten. 4 EL Mehl dazugeben, anschwitzen, mit 50 ml Weißwein ablöschen, dann nach und nach 1 l Brühe und 100 g Sahne unterrühren. Offen 30 Min. bei geringer Hitze köcheln lassen, dabei ab und zu umrühren, dann fein pürieren. Mit Salz, Pfeffer, frisch geriebener Muskatnuss, 2–3 Spritzern Zitronensaft und 1 EL Madeira würzen. 1 Eigelb (M) erst mit 50 g Sahne, dann mit 1 Schöpfkelle heißer Suppe verquirlen, anschließend unter die Suppe rühren. Hühnerfleisch und 1 EL fein gehackten Estragon dazugeben und erwärmen, nicht mehr kochen.

Bunte Minestrone mit Pesto

ÜPPIGER ITALIENISCHER EINTOPFKLASSIKER

Für 4 Personen:

Für die Minestrone:

2 Stangen Staudensellerie

1 Knolle Fenchel

2 Möhren

1 Kohlrabi

100 g grüne Bohnen (frische
  oder TK-Brechbohnen)

1 große Zwiebel

2 Knoblauchzehen

50 g durchwachsener Räucherspeck

4 EL Olivenöl

2 EL Tomatenmark

1,2 l Gemüsebrühe (siehe
  Seite 19)

100 g TK-Erbsen

Salz | Pfeffer

1–2 Msp. Chilipulver

1 TL getrockneter Oregano

100 g kurze Nudeln (z. B. dünne
  Hörnchen)

1 Dose weiße Bohnen (ca. 240 g
  Abtropfgewicht

Für das Pesto:

2 EL Pinienkerne

60 g Basilikum

1 Knoblauchzehe

80 ml Olivenöl

3 EL frisch geriebener Pecorino
  (ersatzweise Parmesan)

Salz | Pfeffer

Zubereitung: ca. 1 Std. 10 Min.

Pro Portion: ca. 710 kcal,

23 g EW, 44 g F, 51 g KH

1 Für die Minestrone den Sellerie und Fenchel waschen und putzen, die Möhren und den Kohlrabi schälen, alles in ca. 1 cm große Stücke schneiden. Die frischen grünen Bohnen waschen, putzen und in 2 cm lange Stücke schneiden. Die Zwiebel und den Knoblauch schälen und klein würfeln. Den Speck ebenfalls in kleine Würfel schneiden.

2 Das Olivenöl in einem Suppentopf erhitzen. Darin Zwiebel, Knoblauch und Speck bei mittlerer Hitze andünsten. Das Tomatenmark dazugeben und unter Rühren kurz anbraten. Die Gemüsebrühe dazugießen und das vorbereitete Gemüse samt den gefrorenen Erbsen (und eventuell den TK-Bohnen) dazugeben. Mit Salz, Pfeffer, Chilipulver und Oregano würzen und alles zugedeckt bei geringer Hitze 20–25 Min. köcheln lassen, dabei ab und zu umrühren.

3 Inzwischen für das Pesto die Pinienkerne in einer kleinen Pfanne ohne Fett bei mittlerer Hitze goldbraun rösten und abkühlen lassen. Basilikum abbrausen und gut trocken schütteln, die Blättchen von den Stängeln zupfen und grob schneiden. Den Knoblauch schälen und grob hacken. Alles mit dem Olivenöl entweder in einem hohen Rührbecher mit einem Stabmixer oder in einem elektrischen Blitzhacker ganz fein pürieren. Den Pecorino gründlich unterrühren und das Pesto mit Salz und Pfeffer abschmecken.

4 Die Nudeln nach Packungsanweisung in reichlich Salzwasser al dente garen, in ein Sieb abgießen und abtropfen lassen. Die weißen Bohnen ebenfalls in ein Sieb geben und abtropfen lassen.

5 Die weißen Bohnen zur Suppe geben und diese weitere 5 Min. köcheln lassen. Zuletzt die Nudeln unter die Suppe rühren und heiß werden lassen. Die Minestrone mit Salz und Pfeffer abschmecken, auf tiefe Teller oder in Suppenschüsseln verteilen und jeweils einen großen Klecks Pesto auf die Suppe geben.

Französischer Bohnen-Lamm-Eintopf

LEICHT UND SOMMERLICH WÜRZIG

Für 4 Personen:
180 g getrocknete, dicke
  weiße Bohnen
1 Möhre
2 Stangen Staudensellerie
2 große Zwiebeln
3 Knoblauchzehen
½ Bund Thymian
1 Bund Bohnenkraut
2 Lorbeerblätter
Salz
400 g Lammfleisch
  (aus der Keule)
4 EL Olivenöl
Pfeffer
500 g Tomaten
300 g frische grüne Bohnen
400 g festkochende Kartoffeln
Zubereitung: ca. 40 Min.
Einweichen: 12 Std.
Kochen: 3 Std. 50 Min.
Pro Portion: ca. 550 kcal,
33 g EW, 29 g F, 38 g KH

1 Weiße Bohnen in einer Schüssel gut mit kaltem Wasser bedecken und 12 Std. (am besten über Nacht) einweichen. Dann in ein Sieb abgießen, abbrausen und mit reichlich Wasser in einen Suppentopf geben.

2 Die Möhre schälen und in grobe Stücke schneiden. Den Sellerie waschen, putzen und 1 Stange ebenfalls in grobe Stücke schneiden, die zweite klein würfeln. Zwiebeln schälen und 1 Zwiebel halbieren, den Knoblauch ebenfalls schälen und 1 Zehe halbieren.

3 Die Hälfte der Kräuter abbrausen und mit Möhre, groben Selleriestücken, 1 Zwiebelhälfte, der halbierten Knoblauchzehe und 1 Lorbeerblatt zu den Bohnen geben. Alles zum Kochen bringen und zugedeckt 1 Std. 30 Min.–2 Std. bei geringer Hitze köcheln lassen, bis die Bohnen gar sind, kurz vor Garzeitende salzen. Dann die Bohnen in ein Sieb abgießen, dabei Kochsud auffangen. Kräuter, Möhre und Sellerie entfernen.

4 Fleisch in ca. 2 cm große Würfel schneiden, dabei Fett und Sehnen entfernen. Restliche Zwiebeln und restlichen Knoblauch klein würfeln. 2 EL Öl in dem Suppentopf erhitzen, darin das Fleisch bei starker Hitze rundherum anbraten, salzen und pfeffern und aus dem Topf nehmen. Übriges Öl in den Topf geben, darin Zwiebel-, Knoblauch- und Selleriewürfel bei mittlerer Hitze andünsten. 800 ml Kochsud dazugießen, restlichen Thymian abbrausen und mit übrigem Lorbeerblatt und Fleisch dazugeben. Alles zugedeckt 30 Min. bei geringer Hitze köcheln lassen.

5 Tomaten kreuzweise einritzen, mit kochend heißem Wasser überbrühen und kurz ziehen lassen. Dann Haut abziehen und die Tomaten in grobe Stücke schneiden, dabei die Stielansätze entfernen. Grüne Bohnen waschen, putzen und halbieren oder dritteln. Kartoffeln schälen, waschen und in ca. 3 cm große Stücke schneiden. Übriges Bohnenkraut abbrausen, trocken schütteln und die Blättchen fein hacken.

6 Tomaten, grüne Bohnen, Kartoffeln und das gehackte Bohnenkraut mit in den Topf geben. Alles salzen, pfeffern und zugedeckt ca. 1 Std. 10 Min. garen, eventuell noch etwas Kochsud dazugießen. Dann die weißen Bohnen dazugeben und den Eintopf weitere 5–10 Min. köcheln lassen. Eventuell mit Baguette servieren.

BOUILLABAISSE

Früher war dieser berühmte Marseiller Fischeintopf ein Arme-Fischer-Essen: alles an kleinen, nicht verkäuflichen Fischen wanderte hinein. Auch heute kommen in eine gute Bouillabaisse möglichst bunt gemischte Mittelmeerfische.

Bouillabaisse

Für 4 Personen:
1 Knolle Fenchel
2 große festkochende Kartoffeln
1 Dose geschälte Tomaten
  (400 g Inhalt)
2 Zwiebeln
3 Knoblauchzehen
4 EL Olivenöl
100 ml Pastis (Anisschnaps)
1,2 l Fischbrühe (siehe Seite 17
  oder 79, Tipp)
  oder Fischfond (aus dem Glas)
¼ TL Safranfäden
Salz | Pfeffer
Chilipulver
800 g filetierte, küchenfertige
  Mittelmeerfische (z. B. Knurr-
  hahn, Seeteufel, Rotbarbe,
  Drachenkopf, Petersfisch)
300 g Miesmuscheln
4 Stängel Petersilie
5 EL Weißwein
Zubereitung: ca. 1 Std. 10 Min.
Pro Portion: ca. 440 kcal,
48 g EW, 21 g F, 14 g KH

1   Den Fenchel waschen, vierteln, putzen und den Strunk herausschneiden, das Grün und die Stiele fein hacken, Fenchelviertel klein würfeln. Kartoffeln schälen, waschen und ebenfalls klein würfeln. Die Tomaten in ein Sieb abgießen, dabei den Saft auffangen, die Tomaten klein schneiden. Zwiebeln und Knoblauch schälen und klein würfeln.

2   Olivenöl in einem Suppentopf erhitzen. Darin Zwiebeln, Knoblauch und die Fenchelwürfel bei mittlerer Hitze andünsten, bis alles leicht zu bräunen beginnt. Tomaten dazugeben und alles unter Rühren 2–3 Min. weiterdünsten. Mit der Hälfte des Pastis ablöschen und diesen unter Rühren einkochen lassen. Mit übrigem Pastis und mit dem Tomatensaft ablöschen, wieder einkochen lassen.

3   Fischbrühe oder -fond, Kartoffeln und Safran dazugeben, mit Salz, Pfeffer und Chilipulver würzen. Den Eintopf 15–20 Min. bei geringer Hitze köcheln lassen, bis die Kartoffeln fast gar sind.

4   Inzwischen die filetierten Fische in nicht zu kleine Stücke schneiden. Die Muscheln in kaltem Wasser gut abbürsten und gründlich säubern, alle offenen Muscheln wegwerfen. Petersilie abbrausen und trocken schütteln, die Blättchen fein hacken.

5   Den Eintopf mit Wein abschmecken, die Muscheln hineingeben und 3–5 Min. mitgaren. Dann die Fischstücke, das Fenchelgrün und die Fenchelstiele einlegen, zugedeckt in 5–7 Min. gar ziehen lassen. Geschlossene Muscheln aus der Suppe nehmen und wegwerfen, den Eintopf auf Teller verteilen und mit der Petersilie bestreuen. Dazu passt ofenfrisches Baguette – und natürlich Rouille (siehe rechts).

Zu der Bouillabaise gehört immer Brot mit einer würzigen Mayonnaise – der Rouille. Je nach Hausrezept wird sie mit einer gegarten Kartoffel oder aber eingeweichtem Brot zubereitet. Die nötige Schärfe kann jeder ganz nach Wunsch variieren. Einfach mehr oder weniger Chilipulver verwenden oder auch einmal richtig stilecht Piment d'Espelette (siehe Tipp) nehmen.

Rouille

Für 4 Personen:
50 g Weißbrot (ohne Rinde)
8–10 EL Fischfond (aus dem Glas)
1 Knoblauchzehe
Salz
1 Eigelb (L)
¼ TL edelsüßes Paprikapulver
1–2 Msp. Chilipulver
5–6 EL Olivenöl
Pfeffer
Zubereitung: ca. 20 Min.
Pro Portion: ca. 185 kcal, 2 g EW, 17 g F, 7 g KH

1 Das Weißbrot klein würfeln und 5–10 Min. im Fischfond einweichen. Den Knoblauch schälen, fein hacken, mit etwas Salz bestreuen und mit einer festen Messerklinge fein zermusen. Den Knoblauch mit dem Eigelb in einen hohen Rührbecher geben.

2 Das Brot mit einer Gabel breiig zerdrücken und mit Paprika- und Chilipulver in den Rührbecher geben. Alles mit einem Stabmixer auf mittlerer Stufe pürieren, dabei nach und nach das Öl dazulaufen lassen. So lange pürieren, bis eine dickliche Mayonnaise entstanden ist. Mit Salz und Pfeffer würzen.

3 Die Rouille mit 2–3 EL warmer Bouillabaise verrühren und jeweils etwas davon direkt auf den Eintopf im Teller geben. Oder die Rouille auf dünne Baguettescheiben streichen und zum Eintopf reichen.

Tipp Noch mal so gut schmeckt eine Bouillabaisse mit dieser selbst gemachten Fischbrühe, bei der man gleich noch die Fischabfälle mitverwerten kann. Es braucht ca. 800 g Fischabschnitte (Gräten, Köpfe usw.) – gleich vom Fischhändler mitgeben lassen. Fischabschnitte unter fließendem Wasser gründlich säubern, Kiemen aus Fischköpfen herausschneiden. 1 Zwiebel, 3 Knoblauchzehen, 1 Fenchelknolle, 1 Möhre, 1 Stange Staudensellerie und ca. 60 g Lauch waschen oder schälen und putzen, klein würfeln. Alles in ca. 5 EL Olivenöl bei geringer Hitze andünsten, ohne dass das Gemüse Farbe annimmt. 250 g grob gewürfelte Tomaten dazugeben und kurz mitdünsten, dann die abgetropften Fischabschnitte dazugeben und unter Rühren 3–4 Min. bei starker Hitze mitdünsten – sie können ruhig zerfallen! ¼ l Weißwein dazugießen und 2–3 Min. kochen lassen. Hitze reduzieren, 1,3 l Wasser dazugießen, 1 Lorbeerblatt, 8 Zweige Thymian, 5 Stängel Petersilie und 1 rote Chilischote unterrühren, mit (Meer-)Salz und Pfeffer würzen, zugedeckt bei mittlerer Hitze 25 Min. leicht kochen lassen. Dann alles portionsweise durch ein feines Sieb gießen, dabei Gemüse und Abschnitte gut mit einem Löffel auspressen – so wird die Brühe extrem geschmacksintensiv.

Tipp Bei Piment d'Espelette handelt es sich um eine ganz bestimmte Chilisorte aus dem gleichnamigen Ort Espelette im französischen Baskenland. Gemahlen gibt es sie in gut sortierten Supermärkten oder Feinkostgeschäften zu kaufen.

Kohlsuppe mit Chorizo

KRÄFTIG, WÜRZIG UND TROTZDEM LEICHT

Für 4–6 Personen:
750 g festkochende Kartoffeln
3 Möhren
1 junger Wirsing (ca. 750 g)
3 Zwiebeln
2 Knoblauchzehen
3 EL Olivenöl
2 EL Tomatenmark
100 ml Weißwein (ersatzweise
   Rinderbrühe)
1,5 l Rinderbrühe (siehe
   Seite 11)
6 Zweige Thymian
Salz | Pfeffer
200 g Chorizo (am Stück)
Zubereitung: ca. 30 Min.
Kochen: 45 Min.
Pro Portion (bei 6 Personen):
ca. 415 kcal,
25 g EW, 22 g F, 21 g KH

1   Die Kartoffeln und Möhren schälen und waschen. Kartoffeln in ca. 3 cm große Würfel, die Möhren in dünne Scheiben schneiden. Den Wirsing in die einzelnen Blätter zerteilen (eventuell äußere, sehr harte Blätter nicht verwenden). Die Blätter waschen, längs halbieren und den Strunk in der Mitte herausschneiden. Die Blatthälften quer in schmale Streifen schneiden. Zwiebeln und Knoblauch schälen und klein würfeln.

2   Das Öl in einem Suppentopf erhitzen. Zwiebeln und Knoblauch bei mittlerer Hitze darin andünsten. Tomatenmark dazugeben und kurz mit-braten, dann mit Wein ablöschen. Sobald die Flüssigkeit verkocht ist, die Brühe angießen und Kartoffeln, Möhren und Wirsing unterrühren. Die Thymianzweige abbrausen und ebenfalls dazugeben. Alles salzen und pfeffern und zugedeckt ca. 40–45 Min. kochen lassen.

3   Die Chorizo eventuell häuten und in dünne Scheiben schneiden. In einer Pfanne ohne Fett die Chorizoscheiben bei mittlerer Hitze an-braten. Die Wurst und 2–4 EL von dem ausgebratenen Fett unter die Suppe rühren. Thymianzweige entfernen und die Suppe servieren.

Tipp   Immer häufiger taucht im Spätherbst auf Bauernmärkten und in Biogeschäften der mit dem Grünkohl verwandte Schwarz-kohl auf. Er ist eine wunderbare Alternative zum Wirsing. Für dieses Rezept die tief dunkelgrünen, langen Blätter waschen und eventuell die dicken, hellen Stiele herausschneiden, dann die grünen Blätter in 1–2 cm breite Streifen schneiden und anstelle des Wirsings in die Suppe geben.

ERFRISCHEND
KÜHL

Kalte Gurken-suppe mit Lachs

ERFRISCHEND SÄUERLICH

Für 4 Personen:
2 Salatgurken (ca. 900 g)
½ Bund Dill
1 Kästchen Gartenkresse
250 g griechischer Naturjoghurt
100 g Crème fraîche
¼ l kalte Gemüsebrühe (siehe Seite 19)
Salz | Pfeffer
1–2 Msp. Chilipulver
5 Radieschen
100 g geräucherter Lachs (in Scheiben)
Zubereitung: ca. 15 Min.
Pro Portion: ca. 265 kcal, 11 g EW, 21 g F, 7 g KH

1   Die Gurken schälen, längs halbieren und mit einem Löffel die Kerne herauskratzen. Den Dill und die Kresse abbrausen und trocken schütteln. Vom Dill die Spitzen fein hacken, die Kresse mit einer Küchenschere vom Beet schneiden.

2   Ein Viertel der Gurken klein würfeln und beiseitestellen. Den Rest grob würfeln und mit einem Stabmixer oder in der Küchenmaschine fein pürieren. Joghurt, Crème fraîche, Brühe und die Hälfte des Dills und der Kresse dazugeben und feinschaumig pürieren. Mit Salz, Pfeffer und Chilipulver würzen und eventuell im Kühlschrank kalt stellen.

3   Kurz vor dem Servieren die Radieschen waschen, putzen und klein würfeln, den Lachs in feine Streifen schneiden. Die Suppe auf Teller oder Schüsseln verteilen und mit Lachsstreifen, Radieschenwürfeln und beiseitegestellten Gurkenwürfeln, übrigem Dill und restlicher Kresse bestreuen.

Kalte Salat-suppe

LEICHT UND SOMMERFRISCH

Für 4 Personen:
2 Kopfsalate (ca. 600 g)
250 g junger Blattspinat
8 Blätter Sauerampfer | Salz
2 Schalotten | 1 Knoblauchzehe
3 EL weiche Butter
50 ml trockener Vermouth (nach Belieben)
¾ l Gemüsebrühe (siehe Seite 19)
2–3 EL frisch gepresster Zitronensaft
100 g Sahne
Pfeffer | Zucker
frisch geriebene Muskatnuss
Zubereitung: ca. 25 Min. (+ Auskühlzeit)
Pro Portion: ca. 100 kcal, 4 g EW, 7 g F, 4 g KH

1   Die Salate putzen und in Blätter zerteilen, Spinat und Sauerampfer putzen, alles waschen und trocken schleudern. Salatherzen und Sauerampfer beiseitelegen. Reichlich Wasser in einem Suppentopf zum Kochen bringen, salzen. Salat und Spinat dazugeben und ca. 2 Min. kochen lassen, in ein Sieb abgießen, sofort kalt abbrausen und abtropfen lassen.

2   Schalotten und Knoblauch schälen, klein würfeln. In dem Suppentopf 2 EL Butter zerlassen, darin beides andünsten. Mit Vermouth ablöschen – wenn er fast verkocht ist, die Brühe dazugießen und 10 Min. bei mittlerer Hitze offen köcheln lassen.

3   Den Sauerampfer klein schneiden und mit abgetropftem Salat und Spinat, Zitronensaft und übriger Butter mit einem Stabmixer fein pürieren. Mit der Sahne zur Suppe geben, alles gut pürieren. Mit Salz, Pfeffer, Zucker und Muskat abschmecken, auskühlen lassen. Vor dem Servieren die Salatherzen in feine Streifen schneiden und die Suppe damit bestreuen.

LINKS: KALTE GURKENSUPPE MIT LACHS | RECHTS: KALTE SALATSUPPE

Avocadocreme mit Salsa

CREMIG-MILD MIT CHILIPFIFF

Für 4 Personen:
3 vollreife Avocados (à ca. 350 g)
2 Limetten | 5 Frühlingszwiebeln
450 ml kalte Gemüsebrühe (siehe Seite 19)
¼ l Milch | 100 g saure Sahne
Salz | Pfeffer | 2–4 Prisen Chilipulver
1 TL gemahlener Kreuzkümmel
1 große Fleischtomate | 1 grüne Chilischote
6–8 Stängel Koriandergrün
Zubereitung: ca. 20 Min.
Pro Portion: ca. 520 kcal, 7 g EW, 51 g F, 6 g KH

1   Avocados längs halbieren, Kerne entfernen, das Fruchtfleisch mit einem Löffel aus den Schalenhälften kratzen. Limetten halbieren und den Saft auspressen. Avocadofleisch sofort mit 6 EL Limettensaft verrühren. Frühlingszwiebeln waschen, putzen und samt Grün in dünne Ringe schneiden. Die Hälfte davon mit Brühe und Milch zu den Avocados geben, alles mit einem Stabmixer fein pürieren (für eine richtig kalte Suppe noch 5–6 Eiswürfel mitpürieren), die Sahne kurz untermixen. Die Creme mit Salz, Pfeffer, Chilipulver und Kreuzkümmel würzen. Eventuell kalt stellen.

2   Tomate waschen und in Würfelchen schneiden, dabei den Stielansatz entfernen. Chilischote längs halbieren, Kerne entfernen, Schote waschen und fein hacken. Koriander abbrausen, trocken schütteln und die Blättchen hacken – es sollten 2 EL sein. Tomate, Chili und Koriander mit den übrigen Zwiebelringen und 2–3 EL Limettensaft mischen. Die Salsa mit Salz und Pfeffer abschmecken. Eventuell kalt stellen.

3   Die Avocadocreme in Schälchen verteilen und jeweils etwas Salsa daraufgeben. Dazu schmecken Nacho-Chips prima.

Kräuterkaltschale mit Aubergine

WIE IM SÜDEN

Für 4 Personen:
1 große Aubergine
1 Knoblauchzehe | 4 EL Olivenöl
1 Bund gemischte Kräuter (z. B. Petersilie,
   Basilikum, Minze, Dill, Schnittlauch)
1–2 EL frisch gepresster Zitronensaft
1 Msp. abgeriebene Schale von 1 Bio-Zitrone
200 g Schmand
je 250 g Naturjoghurt und Dickmilch
Salz | Pfeffer | 1 gute Prise Zucker
Zubereitung: ca. 35 Min.
Kühlen: 1 Std.
Pro Portion: ca. 310 kcal, 7 g EW, 27 g F, 10 g KH

1   Die Aubergine waschen, putzen und 1 cm groß würfeln. Knoblauch schälen und fein hacken. In einer beschichteten Pfanne 2 ½ EL Öl erhitzen. Aubergine und die Hälfte des Knoblauchs dazugeben und unter Rühren 5–7 Min. bei mittlerer Hitze braten, dabei ab und zu 1–2 EL Wasser dazugeben, damit nichts anbrennt – das Wasser sollte aber immer sofort wieder verdampfen. Aubergine vom Herd nehmen.

2   Kräuter abbrausen, trocken schütteln und grobe Stängel wegschneiden, ein paar Kräuter beiseitelegen, den Rest grob schneiden. Die Kräuter mit übrigem Knoblauch, 1 EL Zitronensaft, der Zitronenschale und der Hälfte des Schmands mit einem Stabmixer fein pürieren. Übrigen Schmand, Joghurt und Dickmilch kurz untermixen. Mit Salz, Pfeffer, Zucker und eventuell noch etwas Zitronensaft würzen. Zugedeckt ca. 1 Std. im Kühlschrank durchkühlen lassen.

3   Übrige Kräuter fein hacken, mit den Auberginen mischen. Kaltschale in Schälchen verteilen, Auberginen-Mix daraufgeben, mit restlichem Öl beträufeln.

AVOCADOCREME MIT SALSA

KRÄUTERKALTSCHALE MIT AUBERGINE

Gazpacho

DER KLASSIKER: SPANISCHE GEMÜSESUPPE EISKALT

Für 4 Personen:
150 g Weißbrot
1 weiße Zwiebel
1 Knoblauchzehe
600 g Tomaten
5 EL Olivenöl
2 EL Sherryessig
2 grüne Spitzpaprika
½ Salatgurke
100 ml kalte Gemüsebrühe
  (siehe Seite 19)
Salz | Pfeffer
1–2 Prisen Zucker
1–2 Msp. Chilipulver
Zubereitung: ca. 45 Min.
Kühlen: 2 Std.
Pro Portion: ca. 260 kcal,
6 g EW, 14 g F, 28 g KH

1 Das Brot in kleine Würfel schneiden. Die Zwiebel und den Knoblauch schälen, beides in kleine Würfel schneiden. Tomaten waschen und in grobe Stücke schneiden, dabei die Stielansätze entfernen und den ablaufenden Saft auffangen. Die Tomaten samt dem Saft mit der Zwiebel, je der Hälfte des Knoblauchs und des Brots, 3 EL Olivenöl und dem Sherryessig in einer Schüssel mischen. Zugedeckt im Kühlschrank 30 Min. ziehen lassen.

2 Inzwischen übriges Öl in einer beschichteten Pfanne erhitzen. Die restlichen Brotwürfel und den übrigen Knoblauch darin bei mittlerer Hitze goldgelb rösten, aus der Pfanne nehmen.

3 Paprikaschoten halbieren, putzen, waschen und in grobe Stücke schneiden. Die Gurke schälen, längs halbieren und die Kerne mit einem Löffel herauskratzen, das Fruchtfleisch grob würfeln.

4 Die Tomaten-Brot-Mischung mit Paprika, Gurke und Brühe mit einem Stabmixer oder in der Küchenmaschine fein pürieren (wer will, kann das Püree noch durch ein Sieb streichen). Mit Salz, Pfeffer, Zucker und Chilipulver pikant abschmecken und 2 Std. im Kühlschrank durchziehen lassen. Gazpacho vorm Servieren mit Brotwürfeln bestreuen.

Variante Grüne Gazpacho

Dafür 80 g Weißbrot klein würfeln und in 100 ml kaltem Gemüsefond (aus dem Glas) ca. 10 Min. einweichen. Inzwischen 1 Salatgurke, 2 grüne Spitzpaprika, 1 grünen Apfel, 1 grüne Chilischote, 1 Knoblauchzehe und 2 Frühlingszwiebeln waschen oder schälen, putzen, entkernen und klein schneiden. 250 g Fruchtfleisch einer Galia-Melone ebenfalls klein schneiden. Alles mit 1 EL klein geschnittenem Borretsch und 4 EL Olivenöl mit einem Stabmixer oder in der Küchenmaschine fein pürieren. Gazpacho mit 4–5 EL Weißweinessig, Salz, Pfeffer und Zucker würzen und mindestens 2 Std. im Kühlschrank durchziehen lassen.

Papaya-Tomaten-Suppe
mit Rindfleisch

FRUCHTIG-EXOTISCH UND MIT VANILLENOTE

Für 4 Personen:
200 g Rinderfilet
1 rote Chilischote
1 Knoblauchzehe
3 EL Olivenöl
600 g Fleischtomaten
1 Schalotte
¼ l frisch gepresster
   Orangensaft
2 Stangen Zitronengras
½ Vanilleschote
Salz | Pfeffer
2 Papaya (ca. 600 g)
2–3 Prisen Zucker
1–2 EL frisch gepresster
   Limettensaft
4 EL Sesamsamen (besonders
   hübsch: weiße und schwarze
   Samen gemischt)
einige Thai-Basilikumblättchen
   zum Garnieren (nach Belieben)
Zubereitung: ca. 40 Min.
Kühlen: 2 Std.
Pro Portion: ca. 275 kcal,
15 g EW, 15 g F, 12 g KH

1   Das Filet in dünne Streifen schneiden. Chilischote längs halbieren und die Kerne entfernen, die Hälften waschen und fein hacken. Knoblauch schälen und fein hacken. Die Hälfte der Chili und des Knoblauchs mit dem Fleisch und 2 EL Olivenöl mischen, zugedeckt im Kühlschrank marinieren lassen, bis die Suppe serviert werden kann.

2   Die Tomaten waschen und klein würfeln, dabei die Stielansätze entfernen und den ablaufenden Saft auffangen. Schalotte schälen und klein würfeln. Übriges Öl in einem Topf erhitzen, darin Schalotte, restlichen Knoblauch und übrige Chilischote bei mittlerer Hitze andünsten. Mit Orangensaft ablöschen, 2–3 Min. kochen lassen, dann die Tomaten samt Saft dazugeben und alles kurz weiterkochen lassen.

3   Das Zitronengras waschen, putzen und leicht anquetschen. Die Vanilleschote längs halbieren und das Mark herauskratzen. Zitronengras, Vanilleschote und -mark mit zu den Tomaten geben, mit Salz und Pfeffer würzen und offen 20–25 Min. weiterkochen lassen.

4   Inzwischen die Papayas halbieren und die Kerne mit einem Löffel herauskratzen, dann die Früchte schälen und das Fruchtfleisch in grobe Stücke schneiden.

5   Zitronengras und Vanilleschote aus den Tomaten fischen, Papayas dazugeben und alles mit einem Stabmixer fein pürieren. Die Suppe mit Zucker und Limettensaft abschmecken, abkühlen lassen und im Kühlschrank 2 Std. durchziehen lassen. Dann das Fleisch aus dem Kühlschrank nehmen und in ca. 15 Min. warm werden lassen.

6   Die Suppe in Schälchen oder in Gläsern verteilen. Das Fleisch in 3 EL Sesam wenden, dabei die Samen gut andrücken. Eine beschichtete Pfanne heiß werden lassen und darin das Fleisch zügig bei starker Hitze braun anbraten. Mit Salz und Pfeffer würzen und auf die Suppe geben. Mit dem übrigen Sesam und nach Belieben den Basilikumblättchen bestreuen und sofort servieren.

Pfirsich-Buttermilch-Kaltschale

MIT SÜSSEN SOMMERFRÜCHTEN

Für 4 Personen:
4 Pfirsiche | 1 Bio-Limette
1 Vanilleschote
200 ml frisch gepresster Orangensaft
100 ml Weißwein (ersatzweise Wasser)
100 g Honig | 500 g Buttermilch
150 g Sahnequark
1–3 EL Puderzucker (bei Bedarf)
einige Melisseblättchen zum Garnieren
Zubereitung: ca. 25 Min. (+ Auskühlzeit)
Pro Portion: ca. 280 kcal, 10 g EW, 5 g F, 47 g KH

1   Die Pfirsiche waschen, kreuzweise einritzen und mit kochend heißem Wasser übergießen, kurz ziehen lassen. Die Haut mit einem kleinen Messer abziehen, die Früchte halbieren, entsteinen und in kleine Stücke schneiden. Die Limette heiß waschen und abtrocknen, Schale abreiben und beiseitelegen, Saft auspressen. Vanilleschote längs halbieren, Mark herauskratzen.

2   Die Vanilleschote und die Hälfte des Marks, 2 EL Limettensaft, Orangensaft, Wein und Honig in einem Topf verrühren und 10 Min. bei geringer Hitze köcheln lassen. Pfirsiche dazugeben und in 6–8 Min. weich garen – sie sollten aber nicht zerfallen. Vom Herd nehmen und auskühlen lassen.

3   Die Vanilleschote aus den Pfirsichen fischen, ca. 2 EL Fruchtstücke aus dem Topf heben. Übrige Pfirsiche samt Sud mit einem Stabmixer fein pürieren. Die Hälfte des Pürees mit Buttermilch, Quark, restlichem Vanillemark, Limettenschale und 3 EL Limettensaft pürieren. Die Kaltschale nach Wunsch mit Puderzucker nachsüßen, dann in Schälchen verteilen. Das übrige Pfirsichpüree darüberträufeln, Pfirsichstücke daraufgeben, mit Melisseblättchen garnieren.

Melonen-Sekt-Süppchen

FÜR DIE KLEINE GARTENPARTY

Für 4 Personen:
2 vollreife Charentais-Melonen
4–5 EL frisch gepresster Limettensaft
frisch gepresster Saft von 1 Orange
2–3 EL Orangenlikör
3 EL Puderzucker
3 Stängel Minze
120 ml gut gekühlter, halbtrockener Sekt
Zubereitung: ca. 20 Min.
Kühlen: 1 Std.
Pro Portion: ca. 190 kcal, 2 g EW, 0 g F, 39 g KH

1   Die Melonen quer halbieren und die Kerne mit einem Löffel herauskratzen. Anschließend das Fruchtfleisch mit dem Löffel aus den Schalenhälften heben. (Wer möchte, kann beim Aushöhlen einen kleinen Rand stehen lassen und die gewölbten Seiten der Schalenhälften knapp gerade abschneiden, sodass man sie als Suppentassen nutzen kann.)

2   Das Melonenfruchtfleisch mit Limetten- und Orangensaft, Orangenlikör und dem Puderzucker mit einem Stabmixer fein pürieren. Die Minze abbrausen und trocken schütteln, die Blättchen abzupfen und ein paar davon zum Garnieren beiseitelegen, den Rest in feine Streifen schneiden und unters Melonenpüree rühren. Das Püree für 1 Std. zugedeckt in den Kühlschrank stellen – möglichst nicht länger, da sonst das Melonenaroma verloren geht.

3   Vor dem Servieren nach und nach den Sekt zum Melonenpüree gießen und gründlich unterrühren. Das Süppchen in große Gläser oder Schalen (oder in die Melonenhälften) gießen, mit den beiseitegelegten Minzeblättchen garnieren.

PFIRSICH-BUTTERMILCH-KALTSCHALE

MELONEN-SEKT-SÜPPCHEN

Mandelsüppchen
mit warmen Zwetschgen

ZIMTSÜSSER SEELENWÄRMER

Für 4 Personen:
¼ Vanilleschote
1 Msp. Zimtpulver
3 EL weißes Mandelmus
   (aus dem Bioladen)
¾ l Milch
3 EL Honig
1 ½ TL Speisestärke
1 Eigelb (M)
1 EL Amaretto (ersatzweise
   einige Tropfen Bittermandel-
   aroma)
400 g Zwetschgen
75 g Zucker
200 ml Zwetschgensaft
1 Zimtstange
1 EL Butter
3 EL Mandelblättchen
Zubereitung: ca. 40 Min.
Kühlen: 2 Std.
Pro Portion: ca. 480 kcal,
11 g EW, 21 g F, 60 g KH

1   Die Vanilleschote längs aufschlitzen und das Mark herauskratzen. Vanillemark und -schote mit Zimtpulver, Mandelmus und 600 ml Milch in einen Topf geben und unter Rühren zum Kochen bringen, dann den Honig unterrühren.

2   Die restliche Milch mit 1 TL Stärke und dem Eigelb gut verrühren. Die Eiermilch unter Rühren mit einem Schneebesen zur Mandelmilch gießen und unter weiterem Rühren bei mittlerer Hitze kochen lassen, bis die Milch leicht cremig andickt. Vom Herd nehmen, Amaretto unterrühren und die Suppe abkühlen lassen, dann im Kühlschrank in 2 Std. richtig durchkühlen lassen.

3   Zwetschgen waschen, halbieren, entsteinen und in dünne Spalten schneiden. 50 g Zucker in einen Topf geben und bei mittlerer Hitze karamellisieren lassen. Vorsichtig mit Zwetschgensaft ablöschen (es kann spritzen!), Zimtstange dazugeben und alles kochen lassen, bis sich der Karamell vollständig gelöst hat.

4   Die übrige Stärke mit 3 EL kaltem Wasser verrühren und mit den Zwetschgen in den Topf geben, gut unterrühren. Alles offen 5–6 Min. kochen, dann vom Herd nehmen und etwas abkühlen lassen.

5   Die Butter in einer beschichteten kleinen Pfanne zerschmelzen. Die Mandelblättchen hineingeben und den restlichen Zucker darüberstreuen. Bei mittlerer Hitze unter vorsichtigem Rühren goldbraun karamellisieren lassen, vom Herd nehmen und auf einen Teller geben.

6   Die Vanilleschote aus der Mandelsuppe und die Zimtstange aus den Zwetschgen nehmen. Suppe auf Teller verteilen und jeweils etwas von den noch warmen Zwetschgen samt Kochsud daraufgeben, mit den Mandelblättchen bestreuen und sofort servieren.

Beerenkaltschale mit Quarkmousse-Nocken

KUNTERBUNTER BEEREN-MIX: SO SCHMECKT DER SOMMER!

Für 4 Personen:

Für die Mousse:

4 Blatt weiße Gelatine

500 g Quark (40 % Fett)

abgeriebene Schale von
   1 Bio-Zitrone

2 EL Kirschwasser (nach Belieben)

80 ml frisch gepresster Zitronensaft

50 g Zucker

1 Päckchen Vanillezucker

2 Eiweiß (M) | 1 Prise Salz

200 g Sahne

Für die Kaltschale:

750 g gemischte Beeren (z. B.
   Heidelbeeren, Himbeeren, rote
   Johannisbeeren, Erdbeeren
   und Brombeeren – eventuell
   auch TK- Früchte)

½ Vanilleschote

1 Zimtstange | 700 ml Kirschsaft

100 g Zucker | 1 EL Zitronensaft

3 TL Speisestärke

2–3 EL Cassislikör (nach
   Belieben)

einige Melisseblättchen zum
   Garnieren (nach Belieben)

Zubereitung: ca. 40 Min.

Kühlen: 5 Std.

Pro Portion: ca. 680 kcal,
20 g EW, 31 g F, 75 g KH

1   Für die Mousse die Gelatineblätter in kaltem Wasser ca. 10 Min. einweichen. Quark, Zitronenschale und nach Belieben das Kirschwasser verrühren. Zitronensaft mit Zucker und Vanillezucker in einem kleinen Topf erhitzen. Die Gelatine dazugeben und unter Rühren auflösen. 2 EL Quark nacheinander dazugeben und jeweils gründlich verrühren. Dann die Gelatinemasse gut mit dem übrigen Quark verrühren.

2   Sobald die Quarkmasse leicht zu gelieren beginnt (das ist nach 20–30 Min. der Fall), die Eiweiße mit Salz und die Sahne getrennt mit den Quirlen des Handrührgeräts steif schlagen. Beides nacheinander unter die Quarkmasse heben und diese zugedeckt in 4–5 Std. im Kühlschrank fest werden lassen.

3   Für die Kaltschale die Beeren verlesen, falls nötig waschen, gut abtropfen lassen und putzen. Große Erdbeeren vierteln und kleine halbieren. Die Johannisbeeren mit einer Gabel von den Rispen streifen. Vanilleschote längs aufschlitzen und das Mark herauskratzen. Vanilleschote und -mark mit Zimtstange, Kirschsaft, Zucker und dem Zitronensaft in einen Topf geben und bei mittlerer Hitze um etwa ein Drittel einkochen lassen.

4   Die Stärke mit 3 EL kaltem Wasser glatt verrühren und zum Saft geben, 5 Min. bei geringer Hitze weiterköcheln lassen. Die Beeren (TK-Beeren gefroren) dazugeben, aufkochen und alles nochmals 2–3 Min. weiterköcheln lassen. Vanilleschote und Zimtstange herausnehmen. Wer möchte, kann einen Teil der Beeren mit einem Stabmixer pürieren. Die Kaltschale auskühlen lassen, bis die Mousse fest ist, und eventuell mit Cassislilör verfeinern.

5   Die Kaltschale auf tiefe Teller verteilen. Mit einem Esslöffel Nocken von der Quarkmousse abstechen und auf die Beeren in die Kaltschale setzen, dabei den Löffel immer wieder in kaltes Wasser tauchen. Nach Belieben mit den Melissenblättchen garnieren und servieren.

WÜRZIG & EXOTISCH

Zitronengras-brühe mit Huhn

LEICHT UND INGWERFRISCH

Für 4 Personen:
5 Stangen Zitronengras
40 g Ingwer
1,2 l Hühnerbrühe (siehe Seite 17)
120 g Udon-Nudeln (aus dem Asienladen)
250 g Hähnchenbrustfilet
150 g kleine Champignons
300 g junger Blattspinat
2 Bio-Limetten
3 EL Sojasauce
Salz | Pfeffer
Zubereitung: ca. 50 Min.
Pro Portion: ca. 220 kcal, 21 g EW, 2 g F, 27 g KH

1   Äußerste Blätter und die Strünke vom Zitronengras wegschneiden. Ingwer schälen, in grobe Stücke schneiden. Beides im Mörser anquetschen und mit der Brühe in einem Suppentopf aufkochen. Zugedeckt bei geringer Hitze 30 Min. köcheln lassen. Inzwischen die Nudeln nach Packungsanweisung in Wasser garen, abgießen, abschrecken und abtropfen lassen. Hähnchenfleisch in dünne Streifen schneiden. Pilze putzen und in dicke Scheiben schneiden oder vierteln. Den Spinat verlesen, waschen und trocken schleudern. Limetten halbieren, Saft von drei Hälften auspressen, die übrige Hälfte in Scheiben schneiden.

2   Die Brühe durch ein Sieb in einen zweiten Topf gießen und mit gut der Hälfte des Limettensafts und mit der Sojasauce aufkochen. Pilze und Hähnchenfleisch hineingeben und bei mittlerer Hitze 5 Min. zugedeckt ziehen lassen. Dann Nudeln, Spinat und übrigen Limettensaft dazugeben und garen, bis die Nudeln heiß und der Spinat zusammengefallen ist. Mit Salz und Pfeffer abschmecken. Mit den Limettenscheiben garniert servieren.

Fischsuppe mit Gemüsestiften

IDEAL ALS VORSPEISE

Für 4 Personen:
1 dicke Möhre
1 Stück weißer Rettich (ca. 120 g)
½ Stange Lauch (grüner Teil)
450 g Seelachsfilet
1 Stück Ingwer (ca. 4 cm)
1,2 l Fisch- oder Gemüsebrühe (siehe Seite 17 oder 19)
4 EL trockener Sherry
4 EL Sojasauce
2 EL frisch gepresster Zitronensaft
Salz | Pfeffer
1 Prise Zucker
Zubereitung: ca. 30 Min.
Pro Portion: ca. 200 kcal, 48 g EW, 6 g F, 9 g KH

1   Die Möhre schälen und in 4 cm lange Stücke schneiden. Möhrenstücke längs in dünne Scheiben schneiden, dann die Scheiben übereinanderlegen und längs in feine Stifte schneiden. Rettich schälen und ebenso in Stifte schneiden. Den Lauch längs halbieren, waschen und putzen, die Hälfen in 4 cm lange Stücke und diese längs in feine Streifen schneiden. Den Fisch in kleine Würfel schneiden.

2   Den Ingwer schälen und klein würfeln, mit der Brühe in einen Suppentopf geben und aufkochen. Zugedeckt bei mittlerer Hitze 5 Min. kochen lassen. Das Gemüse dazugeben und alles ca. 3 Min. weiterkochen lassen. Mit Sherry, Sojasauce, Zitronensaft, Salz, Pfeffer und Zucker würzen. Dann den Fisch einlegen und bei geringer Hitze zugedeckt in 3–5 Min. gar ziehen lassen.

ZITRONENGRASBRÜHE MIT HUHN

FISCHSUPPE MIT GEMÜSESTIFTEN

OBEN: EIERBLUMENSUPPE MIT SHII-TAKE | MITTE: MISOSUPPE
UNTEN: MIE-NUDEL-SUPPE MIT HONIGFLEISCH

Suppen werden in Asien oft schon zum Frühstück gegessen. Kein Wunder: Sie sind leicht und machen trotzdem satt und frisch für den kommenden Tag. Besonders beliebt sind dabei Nudelsuppen mit einer üppigen Einlage.

Mie-Nudel-Suppe mit Honigfleisch

Für 4 Personen:

250 g dünne Schweineschnitzel (Minutenschnitzel)
1 Knoblauchzehe
1–2 TL Sambal oelek
7–8 EL Sojasauce
150 g Mie-Nudeln (asiatische Instant-Eiernudeln)
200 g grüner Spargel
1 dicke Möhre
4 Frühlingszwiebeln
150 g Mungbohnensprossen
1,2 l Gemüse- oder Rinderbrühe (Seite 19 oder 11)
2 EL Hoisin-Sauce (aus dem Asienladen)
2 EL Erdnussöl
2 EL Honig

Zubereitung: ca. 30 Min.
Marinieren: 2 Std.
Pro Portion: ca. 295 kcal,
22 g EW, 2 g F, 43 g KH

1 Die Schweineschnitzel in dünne Streifen schneiden, eventuell die Schnitzel vorher mit dem Handballen noch etwas flacher drücken. Den Knoblauch schälen, fein hacken und mit Sambal oelek und 1 EL Sojasauce verrühren, mit dem Fleisch mischen. Im Kühlschrank ca. 2 Std. zugedeckt marinieren lassen.

2 Dann die Nudeln nach Packungsanweisung in Wasser garen, in ein Sieb gießen, abschrecken und abtropfen lassen. Den Spargel waschen, holzige Enden wegschneiden und die Stangen schräg in ca. 1 cm große Stücke schneiden. Möhre schälen und in 3 cm lange Stücke schneiden. Möhrenstücke längs in dünne Scheiben schneiden, dann die Scheiben übereinanderlegen und in feine Stifte schneiden. Die Frühlingszwiebeln waschen, putzen und den weißen Teil schräg in ca. 1 cm große Stücke, den grünen Teil in feine Ringe schneiden. Sprossen in ein Sieb geben und kurz abbrausen.

3 Die Brühe in einem Suppentopf aufkochen, Möhre und Spargel dazugeben und ca. 5 Min. bei geringer Hitze garen, die Sprossen während der letzten Minute dazugeben. Die Suppe mit 3–4 EL Sojasauce und Hoisin-Sauce würzen. Nudeln hineingeben, heiß werden lassen.

4 Inzwischen das Öl in einer beschichteten Pfanne erhitzen. Darin das Schweinefleisch und die weißen Zwiebelstücke bei starker Hitze scharf anbraten. Honig darüberträufeln, mit der übrigen Sojasauce ablöschen. Die Pfanne vom Herd nehmen und alles gut durchschwenken. Die Suppe auf Schälchen verteilen, das Fleisch samt Bratensatz darauflöffeln und mit dem Zwiebelgrün bestreuen. Sofort servieren.

Ganz leicht und nur mit wenigen ausgewählten Zutaten – so mag man Suppen in Japan. Berühmt ist die Misosuppe, die sicher jeder aus dem Sushi-Lokal kennt. Grundlage dafür ist Dashi-Brühe – eine Brühe mit schwachem Fischgeschmack. Man kann sie entweder selbst aus Bonito-Flocken (getrockneter Thunfisch) und Algen kochen oder aber besser eine praktische Instant-Dashi-Brühe kaufen.

Misosuppe

Für 4 Personen:
100 g Seidentofu (aus dem Asien- oder Bioladen)
2 Frühlingszwiebeln
1 Handvoll junger Blattspinat
800 ml Dashi-Brühe (siehe unten; ersatzweise Fischbrühe, siehe Seite 17)
3 EL Misopaste (aus dem Asien- oder Bioladen)
2 EL Instant-Wakame (siehe unten)
1–2 EL Sojasauce
Zubereitung: ca. 20 Min.
Pro Portion: ca. 375 kcal, 33 g EW, 19 g F, 27 g KH

1   Tofu auf ein Küchenbrett stürzen, trocken tupfen und 1 cm groß würfeln. Frühlingszwiebeln waschen, putzen und den grünen Teil in feine Ringe schneiden. Spinat verlesen, waschen und trocken schütteln.

2   Brühe einmal aufkochen lassen, dann die Hitze reduzieren. Miso und Wakame in die Suppe rühren (die Brühe sollte jetzt nicht mehr kochen!), ca. 2 Min. zugedeckt ziehen lassen. Mit Sojasauce würzen, Tofu und Spinat dazugeben und kurz heiß werden lassen. Auf Schälchen verteilen, mit Zwiebelgrün bestreuen.

Tipp Wakame-Algen müssen normalerweise längere Zeit eingeweicht werden. Glücklicherweise gibt es mittlerweile Instant-Algen, die sofort ein-satzfähig sind. Die Algen sowie auch die Instant-Dashi-Brühe gibt es in Asien- und vielen Bioläden.

Eierblumensuppe mit Shii-Take

Für 4 Personen:
100 g Shii-Take-Pilze | 2 Frühlingszwiebeln
1 l Hühnerbrühe (siehe Seite 17)
2 EL Sojasauce | 2 EL Sherry (nach Belieben)
2 Eier (M) | Salz
1 EL geröstetes Sesamöl (aus dem Asienladen)
Zubereitung: ca. 20 Min.
Pro Portion: ca. 100 kcal, 15 g EW, 6 g F, 5 g KH

1   Die Shii-Take-Pilze sauber abreiben, die Stiele herausdrehen oder -schneiden und wegwerfen. Die Pilzkappen in dünne Streifen schneiden. Die Früh-lingszwiebeln waschen, putzen und samt dem Grün schräg in dünne Ringe schneiden.

2   Die Brühe aufkochen, mit Sojasauce und nach Belieben mit Sherry würzen. Die Pilze dazugeben und 5 Min. bei mittlerer Hitze kochen lassen. Inzwischen die Eier in einem Schälchen nur leicht mit einer Gabel verrühren, auf keinen Fall schaumig schlagen, salzen.

3   Die Hitze so reduzieren, dass die Brühe gerade noch sanft kocht. Eier über die Gabel in die Suppe laufen lassen und unterrühren. Sobald die Eier voll-ständig gestockt sind, die Suppe mit Zwiebelringen bestreuen, mit Öl beräufeln und servieren.

Vietnamesische Rindfleischsuppe mit Nudeln

DER AROMA-WUNDERTOPF MIT ORDENTLICH WAS DRIN

Für 4 Personen:

Für die Brühe:

2 Rinderbeinscheiben
  (ca. 700 g)
3–4 Rindermarkknochen
  (ca. 400 g)
1 Zwiebel
2 Knoblauchzehen
100 g Ingwer
150 g weißer Rettich
2 Möhren
3 Stangen Zitronengras
6 Nelken | 4 Sternanise
1 TL schwarze Pfefferkörner
Salz
½ Bund Koriandergrün
  (möglichst mit Wurzeln)
½ Bio-Limette
5 EL Fischsauce (aus dem
  Asienladen)

Für die Einlage:

200 g breite Reisnudeln
200 g Rinderfilet
150 g Mungbohnensprossen
2 rote Chilischoten
5 Frühlingszwiebeln
½ Bund Koriandergrün
3 Stängel Thai-Basilikum
5 Stängel Minze

Zubereitung: ca. 45 Min.
Kochen: 3 Std. 15 Min.
Pro Portion: ca. 580 kcal,
49 g EW, 15 g F, 44 g KH

1   Für die Brühe die Beinscheiben und Knochen abbrausen, in einen Suppentopf legen und so viel Wasser dazugeben, dass alles bedeckt ist. Einmal bei starker Hitze aufkochen lassen, dann in ein Sieb abgießen, Fleisch und Knochen abbrausen und den Topf gut auswaschen. Zwiebel quer halbieren, mit der Schnittfläche nach unten in den Topf legen und bei starker Hitze dunkelbraun anrösten. 2 l Wasser dazugießen, Fleisch und Knochen einlegen und alles bei mittlerer Hitze 15 Min. kochen lassen, dabei immer wieder den aufsteigenden Schaum abschöpfen.

2   Knoblauch, Ingwer, Rettich und die Möhren schälen und in grobe Stücke schneiden. Das Zitronengras waschen, putzen, in grobe Stücke schneiden und mit einem Stößel leicht anquetschen. Alles mit Nelken, Sternanisen und Pfefferkörnern in den Topf geben, zugedeckt 2 Std. bei geringer Hitze weiterköcheln lassen. Dann leicht salzen, Koriandergrün abbrausen und samt der Wurzeln zur Suppe geben, 1 Std. weitergaren.

3   Für die Einlage Nudeln nach Packungsangabe in Wasser garen, in ein Sieb abgießen. Das Filet in hauchdünne Scheiben schneiden (das geht ideal, wenn man es 1 Std.–1 Std. 30 Min. vorher im Gefrierfach anfrieren lässt). Die Sprossen in ein Sieb geben und abbrausen. Chilischoten längs halbieren, Kerne entfernen, die Hälften waschen und in ganz feine Streifen schneiden. Frühlingszwiebeln waschen, putzen und mit dem Grün in dünne Ringe schneiden. Die Kräuter abbrausen und trocken schütteln, Blättchen abzupfen und grob schneiden. Alle Zutaten getrennt auf einer Platte anrichten.

4   Die Limette heiß waschen und halbieren, eine Hälfte vierteln, die andere Hälfte auspressen. Die Suppe durch ein Sieb in einen zweiten Topf gießen (eventuell nochmals durch ein mit einem Tuch ausgelegtes Sieb gießen), das Fett abschöpfen. Die Suppe mit Salz, Fischsauce und Limettensaft abschmecken und nochmals zum Kochen bringen. Nun nimmt sich jeder ganz nach Belieben Nudeln, Fleisch, Sprossen, Chili und Zwiebelringe in seine Suppenschale. Darüber wird die kochend heiße Suppe gegossen. Die Limettenviertel dazu reichen, damit sich jeder seine Suppe individuell abschmecken kann.

Möhren-Orangen-Suppe mit Ingwer

HERRLICH FRUCHTIG-SCHARF

Für 4 Personen:
600 g Möhren | 2 Schalotten
ca. 30 g Ingwer | 2 EL Butter
Salz | Pfeffer
900 ml Gemüsebrühe (siehe Seite 19)
frisch ausgepresster Saft von 4 Orangen
  (ca. 200 ml)
4 EL Mandelblättchen
½ TL gemahlener Koriander
3–4 EL Sahne
5–6 Stängel Koriandergrün
Zubereitung: ca. 20 Min.
Kochen: 35 Min.
Pro Portion: ca. 185 kcal, 4 g EW, 13 g F, 10 g KH

1   Möhren schälen und schräg in dünne Scheiben schneiden. Schalotten und Ingwer getrennt schälen und klein würfeln. 1 EL Butter in einem Suppentopf zerlassen, die Schalotten darin bei mittlerer Hitze langsam goldgelb andünsten. Möhren und Ingwer dazugeben, salzen, pfeffern und unter Rühren kurz mitdünsten. Die Brühe und zwei Drittel des Orangensafts dazugießen, alles zugedeckt 30–35 Min. kochen lassen, bis die Möhren weich sind, dabei gegen Garzeitende den übrigen Orangensaft unterrühren.

2   Die restliche Butter in einer kleinen Pfanne zerlassen und darin die Mandelblättchen bei mittlerer Hitze unter gelegentlichem Rühren goldbraun rösten. Aus der Pfanne nehmen, auf Küchenpapier abkühlen lassen. Gemahlenen Koriander und Sahne zur Suppe geben und alles mit einem Stabmixer fein pürieren. Koriandergrün abbrausen und trocken schütteln, die Blättchen fein hacken (es sollten ca. 2 EL sein) und mit den Mandeln mischen, auf die Suppe streuen.

Blumenkohl-Curry-Suppe

HIER MILDERT JOGHURT DIE SCHÄRFE

Für 4 Personen:
600 g Blumenkohl
1 Stück Ingwer (ca. 5 cm)
3 EL Butterschmalz
1 EL Kreuzkümmelsamen
2 EL indische Currypaste (aus dem
  Asienladen)
900 ml Gemüsebrühe (siehe Seite 19)
Salz
5–6 Stängel Koriandergrün (nach Belieben)
200 g Naturjoghurt
2 EL frisch gepresster Limettensaft
4–5 EL süßes Mangochutney
Zubereitung: ca. 25 Min.
Pro Portion: ca. 175 kcal, 4 g EW, 10 g F, 16 g KH

1   Blumenkohl putzen, waschen und mit einem großen Messer erst in dünne Scheiben schneiden, diese dann fein hacken. Den Ingwer schälen und fein hacken. Das Butterschmalz in einem Suppentopf erhitzen und den Kreuzkümmel ca. 2 Min. bei mittlerer Hitze darin anrösten. Blumenkohl dazugeben und unter Rühren leicht hellbraun anbraten. Ingwer, Currypaste und die Gemüsebrühe unterrühren, aufkochen, salzen und alles zugedeckt ca. 15 Min. bei mittlerer Hitze kochen lassen, bis der Blumenkohl gar ist.

2   Koriandergrün abbrausen und trocken schütteln, die Blättchen fein hacken (es sollten ca. 2 EL sein). Die Suppe vom Herd nehmen, den Joghurt dazugeben und alles mit einem Stabmixer fein pürieren. Mit dem Limettensaft abschmecken, das Koriandergrün unterrühren und die Suppe leicht abgekühlt auf Teller verteilen. Jeweils etwas Mangochutney hineingeben und nur leicht mit der Suppe verrühren.

MÖHREN-ORANGEN-SUPPE MIT INGWER

BLUMENKOHL-CURRY-SUPPE

Spinat-Kokos-Suppe mit Garnelen

UNGEWÖHNLICHE KOMBINATION

Für 4 Personen:

1 mehligkochende Kartoffel
2 Schalotten
2 Knoblauchzehen
1 Stück Ingwer (ca. 2 cm)
2 grüne Chilischoten
4 EL Butter
800 ml Gemüsebrühe (siehe
    Seite 19)
300 ml Kokosmilch
300 g Blattspinat
5–6 Stängel Koriandergrün
12 rohe, küchenfertige Garnelen
3 EL frisch gepresster Limettensaft
1 TL gemahlener Kreuzkümmel
1–2 EL Fischsauce (aus dem Asien-
    laden)
Pfeffer
2–3 Prisen Zucker
Salz
Zubereitung: ca. 40 Min.
Pro Portion: ca. 165 kcal,
11 g EW, 9 g F, 7 g KH

1   Die Kartoffel schälen, waschen und in kleine Stücke schneiden. Schalotten, Knoblauch und Ingwer schälen und getrennt klein würfeln. Die Chilischoten waschen und mit den Kernen fein hacken.

2   In einem Suppentopf 2 EL Butter zerlassen. Darin die Schalotten, die Chili, den Ingwer und die Hälfte des Knoblauchs andünsten, ohne dass die Schalotten bräunen. Die Brühe und Kokosmilch dazugießen, die Kartoffel dazugeben, alles aufkochen. Die Suppe zugedeckt bei mittlerer Hitze 15–20 Min. kochen lassen, bis die Kartoffel gar ist.

3   Inzwischen Spinat verlesen, putzen, waschen, abtropfen lassen und grob hacken. Das Koriandergrün abbrausen und trocken schütteln, die Blättchen fein hacken (es sollten ca. 2 EL sein). Garnelen waschen, mit Küchenpapier trocken tupfen und mit dem übrigen Knoblauch, dem Koriandergrün und 1 EL Limettensaft mischen.

4   Die Suppe mit Kreuzkümmel, Fischsauce und Pfeffer würzen, den Spinat dazugeben und bei mittlerer Hitze in ca. 5 Min. zusammenfallen lassen, dabei ab und zu umrühren. Suppe mit Zucker, Salz und übrigem Limettensaft abschmecken.

5   Die übrige Butter in einer beschichteten Pfanne oder in einem Wok erhitzen, darin die Garnelen bei starker Hitze unter Rühren braten, bis sie schön rosa und leicht gebräunt sind. Mit Salz und Pfeffer würzen und vom Herd nehmen. Die Suppe auf Teller verteilen und die Garnelen hineingeben, servieren.

Variante mit Jakobsmuscheln

Dafür die Spinat-Kokos-Suppe wie oben beschrieben zubereiten. Anstelle der gebratenen Garnelen Jakobsmuscheln auf die Suppe geben: 12 Jakobsmuscheln (ohne den orangen Corail) waschen und trocken tupfen, längs halbieren und beidseitig insgesamt 2–3 Min. bei mittlerer Hitze in 2 EL Butter braten. Mit Meersalz, Pfeffer und Chiliflocken bestreuen. Hervorragend als edle Vorspeise zu einem asiatischen Menü!

Süßkartoffel-Erdnuss-Suppe mit Currypute

DIE EXTRAVAGANTE ALTERNATIVE ZU KARTOFFELSUPPE MIT WÜRSTCHEN!

Für 4 Personen:
250 g Putenschnitzel
2 Knoblauchzehen
½–1 TL Currypulver
3 EL Sonnenblumenöl
700 g Süßkartoffeln
2 Stangen Staudensellerie
1 große Zwiebel
2 EL Erdnusscreme
200 ml Kokosmilch
1,2 l Hühnerbrühe (siehe
  Seite 17)
5–7 Stängel Koriandergrün
  (nach Belieben)
Salz | Pfeffer
3 EL Ketjap manis (aus dem
  Asienladen, ersatzweise
  Sojasauce)
2–3 EL süßscharfe Chilisauce
  (aus dem Asienladen)
4–5 EL frisch gepresster
  Limettensaft
Zubereitung: ca. 25 Min.
Kochen: 20 Min.
Pro Portion: ca. 390 kcal,
22 g EW, 14 g F, 42 g KH

1   Das Putenfleisch in dünne Streifen schneiden. Knoblauch schälen und fein hacken, die Hälfte davon mit Fleisch, Currypulver und 1 EL Öl mischen, zugedeckt kühl stellen. Süßkartoffeln schälen, waschen und in ca. 1,5 cm große Würfel schneiden. Den Staudensellerie waschen und putzen, das Grün abschneiden und beiseitelegen. Die Stangen in dünne Scheiben schneiden. Die Zwiebel schälen und klein würfeln.

2   In einem Suppentopf 1 EL Öl erhitzen, darin die Zwiebel und den übrigen Knoblauch bei mittlerer Hitze andünsten. Sellerie dazugeben und 2 Min. unter Rühren mitdünsten, dann Erdnusscreme und Süßkartoffeln unterrühren. Kokosmilch und Brühe angießen, alles durchrühren und die Suppe 15–20 Min. zugedeckt kochen lassen.

3   Sobald die Suppe fertig ist, Selleriegrün fein hacken. Nach Belieben das Koriandergrün abbrausen und trocken schütteln, die Blättchen fein hacken (es sollten ca. 3 EL sein). Restliches Öl in einer beschichteten Pfanne erhitzen. Darin das Putenfleisch bei starker Hitze rundherum anbraten, salzen, pfeffern und die Pfanne vom Herd nehmen.

4   Die Suppe mit Ketjap manis, Chilisauce, Salz, Pfeffer und Limettensaft würzen und mit einem Stabmixer cremig pürieren. Suppe auf Teller verteilen, Pute, Selleriegrün und nach Belieben Koriandergrün darüberstreuen, servieren.

Dazu passt Würzfladenbrot

Dafür ¼ Fladenbrot in vier schmale Spalten schneiden, die Spalten aufschneiden. In einem Pfännchen 40 g Butter zerlassen. 1 Knoblauchzehe dazupressen, aufschäumen lassen. ½ TL getrockneten Oregano, ¼ TL edelsüßes Paprikapulver, ¼ TL Garam Masala (Gewürzmischung aus dem Asienladen) und ¾ TL gemahlenen Kreuzkümmel unterrühren. Die Brotstücke mit der Würzbutter bepinseln und mit wenig Meersalz bestreuen. Unter dem heißen Backofengrill hellbraun und knusprig rösten und warm zur Suppe servieren.

Mulligatawny

INDISCHE HÜHNER-CURRY-SUPPE MADE IN GOOD OLD ENGLAND

Für 4 Personen:

2 Zwiebeln
1 Stück Ingwer (ca. 5 cm)
3 Stangen Staudensellerie
3 Möhren
2 säuerliche Äpfel (z. B.
  Granny Smith)
3 EL frisch gepresster
  Limettensaft
3 EL Sonnenblumenöl
Salz | Pfeffer
1–1½ EL Currypulver
¾ l Hühnerbrühe (siehe
  Seite 17)
300 g Hähnchenbrustfilet
1 EL Butter
3 EL Mandelblättchen
5–7 Stängel Koriandergrün
  (nach Belieben)
200 g Sahne
1–2 Prisen Zucker
Zubereitung: ca. 50 Min.
Pro Portion: ca. 450 kcal,
20 g EW, 32 g F, 18 g KH

1 Die Zwiebeln und den Ingwer schälen und getrennt klein würfeln. Sellerie waschen, putzen und in Würfelchen schneiden. Die Möhren schälen und ebenfalls sehr klein würfeln. Äpfel waschen, vierteln und das Kerngehäuse herausschneiden. Die Apfelviertel klein würfeln, 3 EL davon abnehmen und mit 1 EL Limettensaft gründlich vermischen, abgedeckt beiseitestellen.

2 Das Öl in einem Suppentopf erhitzen. Darin Zwiebeln, Sellerie und Möhren bei mittlerer Hitze andünsten, nicht bräunen, dann salzen und pfeffern. Ingwer und Äpfel dazugeben, Curry darüberstäuben und alles unter Rühren 1 Min. weiterdünsten.

3 Die Hühnerbrühe angießen und bei starker Hitze aufkochen lassen. Die Temperatur reduzieren, das Hähnchenbrustfilet einlegen und zugedeckt bei mittlerer Hitze 10–15 Min. garen, dann das Fleisch herausnehmen und die Suppe weitere 15 Min. kochen lassen.

4 Inzwischen die Butter in einer kleinen Pfanne zerlassen und die Mandelblättchen darin bei mittlerer Hitze goldbraun rösten, herausnehmen. Das Hähnchenbrustfilet in dünne Streifen schneiden. Nach Belieben das Koriandergrün abbrausen und trocken schütteln, die Blättchen fein hacken (es sollten ca. 3 EL sein).

5 Die Sahne zur Suppe gießen, heiß werden lassen. Suppe mit Salz, Pfeffer, Zucker und übrigem Limettensaft würzen und mit einem Stabmixer cremig pürieren. Das Hähnchenfleisch in die Suppe geben und heiß werden lassen. Mulligatawny auf Teller verteilen und mit beiseitegestellten Apfelwürfeln, den Mandelblättchen und nach Belieben dem Koriandergrün bestreuen.

MOONG-DAL MIT APRIKOSEN

ROTE-LINSEN-SUPPE MIT MANGO

Moong-Dal mit Aprikosen

MUNGBOHNEN MAL ALS SUPPE

Für 4 Personen:
150 g Moong-Dal (siehe Tipp)
350 g Knollensellerie | 1 Stück Ingwer (ca. 3 cm)
1 grüne Chilischote | 12 getrocknete Aprikosen
2–3 Msp. Kurkumapulver | 2 EL Butterschmalz
3 TL Punch Phoran (siehe Tipp) | Salz
1–2 EL frisch gepresster Limettensaft
Zubereitung: ca. 40 Min.
Einweichen: 1 Std.
Pro Portion: ca. 200 kcal, 11 g EW, 6 g F, 26 g KH

1   Mungbohnen 1 Std. in reichlich kaltem Wasser einweichen. Sellerie schälen und in ca. 1 cm große Würfel schneiden. Ingwer schälen und die Chilischote waschen, beides sehr fein hacken (ruhig die Chilikerne mithacken). Die Aprikosen klein würfeln.

2   Mungbohnen in ein Sieb gießen, abbrausen und mit dem Sellerie und 900 ml Wasser in einen Suppentopf geben. Alles zum Kochen bringen. Kurkuma, Chili und den Ingwer unterrühren, die Suppe 15 Min. bei geringer Hitze köcheln lassen. Aprikosen dazugeben und weitere 10 Min. köcheln lassen.

3   Butterschmalz in einer kleinen Pfanne zerlassen und Punch Phoran darin bei mittlerer Hitze rösten, bis es nur leicht bräunt und knistert, dann sofort in die Suppe rühren. Die Suppe salzen und weitere 5 Min. köcheln lassen, mit Limettensaft abschmecken.

Tipp   Die gelben Moong-Dal sind geschälte Mungbohnen. Punch Phoran ist eine indische Mischung aus fünf ungemahlenen Gewürzen. Beides bekommt man im Asien- oder gut sortierten Bioladen.

Rote Linsensuppe mit Mango

LEICHT SCHARF UND MIT VIEL FRUCHT

Für 4 Personen:
1 Zwiebel | 1 Knoblauchzehe
1 Stück Ingwer (ca. 4 cm)
1 dünne Stange Lauch
1 feste Mango (ca. 400 g)
3 EL Sonnenblumenöl
200 g rote Linsen | 1–2 EL Currypulver
800 ml Gemüsebrühe (siehe Seite 19)
¼ l Kokosmilch
4–7 Stängel Koriandergrün (nach Belieben)
Salz | Pfeffer | 1–2 Prisen Zucker
2–3 EL frisch gepresster Limettensaft
Zubereitung: ca. 25 Min.
Kochen: 30 Min.
Pro Portion: ca. 270 kcal, 13 g EW, 9 g F, 32 g KH

1   Die Zwiebel, den Knoblauch und Ingwer schälen und klein würfeln. Den Lauch längs vierteln, waschen, putzen und klein schneiden. Die Mango schälen, das Fruchtfleisch vom Kern schneiden und klein würfeln.

2   Öl in einem Suppentopf erhitzen. Darin Zwiebel, Knoblauch, Ingwer und Lauch bei mittlerer Hitze andünsten. Linsen unterrühren, Currypulver darüberstäuben, alles kurz weiterdünsten. Dann die Brühe aufgießen und die Suppe zugedeckt ca. 25 Min. kochen lassen, dabei eventuell wenig Wasser nachgießen.

3   Die Kokosmilch dazugießen, Mango unterrühren und alles weitere 5 Min. kochen lassen. Nach Belieben das Koriandergrün abbrausen und trocken schütteln, Blättchen fein hacken (es sollten 2–3 EL sein). Die Suppe mit Salz, Pfeffer, Zucker und dem Limettensaft würzen. Wer möchte, kann die Suppe noch leicht mit einem Stabmixer anpürieren und sie mit Koriandergrün bestreut servieren.

Thailändische Kokos-Hühner-Suppe

DER KLASSIKER AUS DEM THAI-RESTAURANT

Für 4 Personen:
1 rote Zwiebel
40 g Galgant-Wurzel (aus dem
  Asienladen, ersatzweise junger
  Ingwer)
3 rote Chilischoten
4 Kaffir-Limettenblätter
2 Stangen Zitronengras
½ Bund Koriandergrün
  (möglichst mit Wurzeln)
½ l Hühnerbrühe (siehe Seite 17)
400 ml Kokosmilch
1 TL Zucker
Salz
100 g Mini-Maiskolben
100 g Zuckerschoten
250 g Austernpilze
300 g Hähnchenbrustfilet
3–4 EL Fischsauce (aus dem
  Asienladen, eventuell etwas
  mehr zum Abschmecken)
1–2 EL frisch gepresster
  Limettensaft

Zubereitung: ca. 45 Min.
Pro Portion: ca. 145 kcal,
20 g EW, 2 g F, 10 g KH

1   Die Zwiebel schälen und in schmale Spalten schneiden. Den Galgant mit dem Sparschäler oder einem scharfen Messer schälen und in dicke Scheiben schneiden. 2 Chilischoten längs halbieren und die Kerne entfernen, die Hälften waschen und in grobe Stücke schneiden. Die Limettenblätter waschen.

2   Das Zitronengras waschen, putzen und in ca. 1 cm große Stücke schneiden. Koriander abbrausen und trocken schütteln, die Wurzeln und dicken Stiele abschneiden und mit dem Zitronengras in einem Mörser anquetschen (Korianderblättchen für später beiseitelegen).

3   Alle vorbereiteten Zutaten mit der Brühe und 300 ml Kokosmilch in einen Suppentopf geben, mit Zucker und 1 guten Prise Salz würzen und bei mittlerer Hitze ca. 20 Min. kochen lassen.

4   Inzwischen die Maiskölbchen waschen, putzen und in ca. 1 cm große Stücke schneiden. Die Zuckerschoten waschen und quer dritteln. Die Austernpilze putzen und in mundgerechte Streifen schneiden. Etwas Wasser in einem Topf aufkochen und salzen, darin den Mais in 8–10 Min. bissfest und noch leicht knackig garen, gegen Garzeitende die Zuckerschoten dazugeben und 1–2 Min. mitgaren, dann beides in ein Sieb abgießen, abschrecken und abtropfen lassen.

5   Das Hähnchenbrustfilet in ca. 1 cm große Stücke schneiden. Das Koriandergrün grob hacken. Die übrige Chilischote längs halbieren und die Kerne entfernen, die Hälften waschen und in sehr feine Streifen schneiden oder hacken.

6   Die Kokosbrühe durch ein Sieb in einen zweiten Topf abgießen und erneut zum Kochen bringen. Hühnerfleisch, Pilze und Chilischote dazugeben, Suppe mit Fischsauce würzen und zugedeckt bei mittlerer Hitze 5–7 Min. kochen lassen, bis das Fleisch gar ist. Übrige Kokosmilch, Mais und Zuckerschoten zugeben, 1–2 Min. mitkochen. Suppe mit Salz, Limettensaft und eventuell Fischsauce abschmecken. Suppe in Schälchen oder Teller füllen und mit Koriandergrün bestreuen.

Marokkanischer Lamm-Kürbis-Eintopf mit Kichererbsen

SCHMECKT 1000 UND EINMALIG GUT

Für 4–6 Personen:
700 g Lammfleisch
   (aus der Keule)
2 Knoblauchzehen
1 Bund Petersilie
½ Bund Koriandergrün
je ½ TL Kurkuma- und Chilipulver
2 TL gemahlener Kreuzkümmel
7 EL Olivenöl
2 Zwiebeln
1 Stange Lauch
Salz | Pfeffer
1 Zimtstange
½ l Gemüsebrühe (siehe
   Seite 19)
1 Dose geschälte Tomaten
   (400 g Inhalt)
800 g Kürbis (z. B. Muskatkürbis;
   geputzt ca. 450 g)
2 Dosen Kichererbsen (à ca. 240 g
   Abtropfgewicht)
1–1 ½ TL Zucker
150 g Sahne-Naturjoghurt
   (nach Belieben)
Zubereitung: ca. 55 Min.
Marinieren: 4 Std.
Kochen: 1 Std. 30 Min.
Pro Portion (bei 6 Personen):
ca. 705 kcal,
39 g EW, 40 g F, 47 g KH

1   Das Fleisch in knapp 2 cm große Würfel schneiden, dabei möglichst alle Sehnen und das Fett wegschneiden. Knoblauch schälen und klein würfeln. Kräuter waschen und trocken schütteln, ein paar Stängel Koriander beiseitelegen, den Rest samt den Stielen fein hacken. Knoblauch und gehackte Kräuter mit den gemahlenen Gewürzen und 4 EL Öl verrühren und in einer Schüssel gründlich mit dem Fleisch mischen. Zugedeckt im Kühlschrank ca. 4 Std. marinieren.

2   Die Zwiebeln schälen und in kleine Würfel schneiden. Den Lauch längs vierteln, waschen und putzen, anschließend die Viertel in ganz feine Stückchen schneiden.

3   Übriges Öl in einem Suppentopf erhitzen. Darin das Fleisch rundherum bei starker Hitze anbraten (eventuell in zwei Portionen), herausnehmen, salzen und pfeffern. Dann im Bratensatz sofort die Zwiebeln und den Lauch andünsten. Zimtstange, Brühe und Tomaten samt Saft dazugeben. Die Tomaten mit einem Messer in kleine Stücke schneiden, alles aufkochen lassen. Fleisch dazugeben, alles mit Salz und Pfeffer würzen und zugedeckt bei geringer Hitze 1 Std. köcheln lassen.

4   Den Kürbis waschen, die Kerne und Fasern entfernen, die Schale großzügig wegschneiden. Das Kürbisfleisch in ca. 1,5 cm große Würfel schneiden, in die Suppe rühren und in 25–30 Min. weich garen.

5   Die Kichererbsen in ein Sieb gießen, abbrausen und während der letzten 5 Min. Garzeit zur Suppe geben. Mit Salz, Pfeffer und Zucker abschmecken. Das beiseitegelegte Koriandergrün fein hacken. Wenn die Kichererbsen richtig heiß sind, die Suppe auf tiefe Teller verteilen, mit dem Koriander bestreuen und nach Belieben noch mit je einem Klecks Joghurt servieren.

ÜPPIG &
HERZERWÄRMEND

LAUCH-MANGOLD-EINTOPF MIT PFEFFER

FRANZÖSISCHE ZWIEBELSUPPE

Französische Zwiebelsuppe

BISTRO-KLASSIKER

Für 4 Personen:
800 g Zwiebeln
3 Zweige Thymian
3 EL Butter
200 ml Weißwein (ersatzweise Rinder-
  oder Gemüsebrühe)
1,2 l Rinder- oder Gemüsebrühe (siehe
  Seite 11 oder 19)
1 Lorbeerblatt
120 g Gruyère
4 Scheiben Toastbrot
3 EL frisch geriebener Parmesan
Salz | Pfeffer
Zubereitung: ca. 1 Std.
Pro Portion: ca. 445 kcal, 28 g EW, 24 g F, 19 g KH

1   Die Zwiebeln schälen, längs halbieren und in dünne Streifen schneiden. Thymian abbrausen und trocken schütteln, Blättchen abzupfen und hacken. Die Butter in einem Suppentopf zerlassen. Darin die Zwiebeln bei mittlerer Hitze in 6–8 Min. goldgelb andünsten. Mit 1 Schuss Weißwein ablöschen, einkochen lassen. Den übrigen Wein angießen, kurz aufkochen lassen, dann die Brühe dazugießen. Das Lorbeerblatt und den Thymian unterrühren und alles zugedeckt bei geringer Hitze ca. 30 Min. köcheln lassen.

2   Inzwischen den Grill des Backofens vorheizen. Den Gruyère fein reiben. Toastscheiben im Toaster hellbraun rösten, abkühlen lassen und diagonal halbieren. Die Toastecken mit Gruyère bestreuen und im Ofen (oben) gratinieren, bis der Käse geschmolzen ist. Den Parmesan in die Suppe rühren, mit Salz und Pfeffer würzen. Die Suppe auf Teller verteilen und mit je 2 Toastecken belegen, servieren.

Lauch-Mangold-Eintopf mit Pfeffer

FEIN MIT FISCH

Für 4 Personen:
450 g Mangold
2 Stangen Lauch
4 festkochende Kartoffeln
1 Knoblauchzehe
3 Zweige Thymian
2 EL eingelegte grüne Pfefferkörner
2 EL Olivenöl
900 ml Gemüsebrühe (siehe Seite 19)
200 g Sahne
250 g geräucherte Bücklingfilets
Salz | frisch geriebene Muskatnuss
Zubereitung: ca. 20 Min.
Kochen: 30 Min.
Pro Portion: ca. 425 kcal, 19 g EW, 31 g F, 16 g KH

1   Den Mangold in einzelne Blätter teilen (sehr große Blätter längs durchschneiden) und waschen. Grüne Blätter und weiße Stiele voneinander trennen und jeweils in 0,5 cm breite Streifen schneiden. Lauch längs halbieren, waschen, putzen und in 0,5 cm breite Ringe schneiden. Kartoffeln schälen, waschen und 1 cm groß würfeln. Den Knoblauch schälen und fein hacken. Thymian abbrausen und trocken schütteln, Blättchen abzupfen und hacken. Die Pfefferkörner fein hacken und mit einer Gabel leicht zerdrücken.

2   Öl in einem Suppentopf erhitzen. Darin Mangold-stiele, Lauch und Knoblauch 3 Min. bei mittlerer Hitze andünsten. Brühe, Sahne, Thymian und Pfeffer unter-rühren und alles zugedeckt 25–30 Min. bei geringer Hitze köcheln lassen, dabei 15 Min. vor Garzeitende die Mangoldblätter unterrühren. Inzwischen die Fisch-filets häuten und in mundgerechte Stücke schneiden. Suppe mit Salz und Muskat würzen, in Teller geben und den Fisch darauf verteilen.

Ein herrlich deftiger Eintopf und eine dicke Scheibe Brot mit knuspriger Rinde, mehr braucht es kaum zum wahren Suppenglück. Feine Alternativen sind jedoch stets willkommen. Kräuterwürzig oder chilischarf und am besten noch lauwarm, frisch aus dem Backofen – das ist bei diesen beiden „Brotbeilagen", die in Windeseile gemacht sind, gar kein Problem.

Kräuterscones

Für ca. 8 Stück:
250 g Mehl | 1 TL Salz
2 TL Backpulver
2 TL Kräuter der Provence (ersatzweise
    getrockneter Thymian oder frisch
    gehackter Rosmarin)
75 g weiche Butter
180 ml Milch | 1 Ei (M)
Zubereitung: ca. 15 Min.
Ruhen: 30 Min.
Backen: 15 Min.
Pro Stück: ca. 200 kcal, 5 g EW, 10 g F, 24 g KH

1   Das Mehl in einer großen Schüssel mit Salz, Backpulver und Kräutern mischen. Butter in Flöckchen schneiden und unter das Mehl mischen, dann beides mit den Händen leicht zu groben Bröseln zerreiben. 150 ml Milch dazugeben und alles zügig mit den Händen zu einem glatten Teig verarbeiten. Teig zur Kugel formen, in die Schüssel legen und abgedeckt an einem kühlen Ort 30 Min. ruhen lassen.

2   Den Backofen auf 200° (Umluft 180°) vorheizen, ein Blech mit Backpapier auslegen. Den Teig auf einer leicht bemehlten Arbeitsfläche ca. 2 cm dick ausrollen. Mit einem runden Ausstecher (ca. 7 cm ⌀, notfalls auch ein Glas mit dünnem Rand nehmen) ca. 8 Kreise ausstechen und auf das Blech legen. Das Ei mit der übrigen Milch verquirlen und die Scones dünn damit bestreichen. Im Ofen (Mitte) in 12–15 Min. goldbraun backen. Noch lauwarm zur Suppe reichen.

Maisbrot mit Chili

Für 1 eckige Backform (ca. 26 x 26 cm),
ca. 12 Stück:
2 EL Butter (+ Butter für die Form)
180 g Maismehl | 50 g Weizenmehl
1 TL Backpulver
½ TL Salz | 1 TL Zucker
2 Eier (M) | 250 g Buttermilch
4–5 EL eingelegte Jalapeño-Chiliringe
    (aus dem Glas)
6–8 Zweige Thymian
Zubereitung: ca. 10 Min.
Backen: 20 Min.
Pro Stück: ca. 110 kcal, 4 g EW, 4 g F, 15 g KH

1   Den Backofen auf 200° (Umluft 180°) vorheizen, die Form mit etwas Butter einfetten. Butter in einem Töpfchen schmelzen lassen. Mais- und Weizenmehl mit Backpulver, Salz und Zucker in einer großen Schüssel mischen. Butter mit Eiern und Buttermilch mit einem Schneebesen verquirlen und mit einem Kochlöffel zügig unter die Mehlmischung rühren.

2   Die Jalapeños abtropfen lassen und grob hacken. Den Thymian abbrausen und trocken schütteln, die Blättchen abzupfen und hacken. Beides unter den Teig heben und diesen in die Form füllen. Im Ofen (Mitte) in 18–20 Min. goldbraun backen. Das Brot lauwarm abkühlen lassen, aus der Form nehmen und in Stücke schneiden. Es passt perfekt zum Rindfleisch-Bohnen-Topf (siehe Seite 146) oder der Gulaschsuppe mit Bier und Zwiebeln (siehe Seite 136).

LINKS: MAISBROT MIT CHILI | RECHTS: KRÄUTERSCONES

OMAS HÜHNERSUPPE MIT NUDELN

Seelenwärmer, Magentrost und Medizin für Leib und Seele: Mit einer kräftigen Hühnersuppe löffelten schon unsere Großmütter Kummer und Sorgen einfach weg. Wesentliche Zutaten für eine feine Brühe: ein schönes Huhn im Topf und etwas Zeit.

Omas Hühnersuppe mit Nudeln

Für 4–6 Personen:

Für die Hühnersuppe:

1 Suppenhuhn (ca. 1,8 kg, eventuell vom Metzger halbieren lassen)

2 Lorbeerblätter

1 TL weiße Pfefferkörner

2 Möhren

je 150 g Staudensellerie und Lauch

1 Zwiebel

4 Nelken

5 große Stängel Petersilie

Salz | Pfeffer

frisch geriebene Muskatnuss

Für die zusätzliche Einlage:

200 g Suppennudeln

Salz

½ Bund Schnittlauch

Zubereitung: ca. 1 Std.

Kochen: 2 Std. 30 Min.

Pro Portion (bei 6 Personen): ca. 700 kcal,

46 g EW, 45 g F, 27 g KH

1   Suppenhuhn abbrausen und mit reichlich Wasser – es sollte auf jeden Fall gut bedeckt sein – in einen Suppentopf geben. Bei starker Hitze aufkochen und 2–3 Min. kochen lassen, dann alles abgießen, das Huhn abbrausen, den Topf auswaschen. Huhn mit ca. 2,2 l Wasser in den Topf geben und erneut aufkochen lassen, dann bei geringer Hitze 1 Std. zugedeckt köcheln lassen. Dabei während der ersten 20 Min. immer wieder den aufsteigenden Schaum abschöpfen, damit die Brühe nicht trüb wird, danach die Lorbeerblätter und die Pfefferkörner dazugeben.

2   Das Gemüse waschen oder schälen und putzen, in grobe Stücke schneiden. Zwiebel schälen, quer halbieren und die Hälften mit den Nelken spicken, Petersilie abbrausen. Alles zum Huhn geben und noch mal 1 Std.–1 Std. 30 Min. köcheln lasssen – das Gemüse sollte gar, aber nicht zerkocht sein, und die Haut sollte sich leicht vom Hühnerfleisch lösen lassen. Etwa 10 Min. vor Garzeitende die Brühe mit Salz, Pfeffer und Muskat würzen.

3   Das Huhn aus dem Topf heben, die Brühe durch ein Sieb in einen zweiten Topf gießen. Sellerie und Möhren aus dem Sieb nehmen und in kleine Stücke schneiden. Die Suppennudeln in reichlich Salzwasser nach Packungsanweisung garen, in ein Sieb abgießen und abtropfen lassen. Den Schnittlauch abbrausen, trocken schütteln und in Röllchen schneiden. Von dem leicht abgekühlten Huhn die Haut abziehen, das Fleisch von den Knochen lösen und in mundgerechte Stücke schneiden.

4   Eventuell mit einem Löffel das Fett von der Brühenoberfläche abschöpfen. Die Brühe erneut erhitzen und Möhren, Sellerie, Fleisch und Nudeln dazugeben, heiß werden lassen. Die Suppe mit Schnittlauch bestreuen und servieren.

Aus Omas Hühnersuppe lassen sich mit etwas Fantasie immer wieder neue Eintöpfe machen. Die zusätzlichen Einlagen wählt man am besten der jeweiligen Jahreszeit entsprechend. Die beiden Eintopf-Ideen hier enthalten etwas mehr davon, weswegen auch weniger Brühe benötigt wird als bei der Hühnersuppe – aber das ist kein Problem, denn der Rest lässt sich prima einfrieren.

Frühlings-gemüseeintopf

Für 4–6 Personen:
1 Rezept Hühnersuppe (siehe Seite 132)
300 g grüner Spargel | 1 Kohlrabi
1 Bund Frühlingszwiebeln | 250 g Blattspinat
100 g Langkornreis | Salz | 2 EL Butter
150 g TK-Erbsen | 2 EL gehackter Kerbel
Zubereitung: ca. 40 Min. (+ Hühnersuppe kochen)
Pro Portion (bei 6 Personen): ca. 705 kcal,
47 g EW, 48 g F, 20 g KH

1   Die Hühnersuppe wie beschrieben zubereiten. Huhn häuten und das Fleisch in Stücke schneiden. Brühe abgießen und eventuell entfetten.

2   Spargel waschen und die holzigen Enden wegschneiden, die Stangen in 2 cm lange Stücke schneiden. Kohlrabi schälen, 1 cm groß würfeln. Frühlingszwiebeln waschen, putzen und die weißen Teile in 1 cm breite Stücke, die grünen Teile in feine Ringe schneiden. Den Spinat verlesen, putzen, waschen und trocken schleudern. Reis nach Packungsanweisung in Salzwasser garen, in ein Sieb abgießen, abtropfen lassen.

3   Butter in einem Topf zerlassen, weiße Zwiebelteile darin andünsten. 1,3 l Brühe angießen, Spargel und Kohlrabi dazugeben, 10 Min. bei mittlerer Hitze kochen lassen. Erbsen dazugeben, 5 Min. weitergaren. Spinat, Fleisch und Reis dazugeben, alles 2–3 Min. kochen lassen. Suppe mit Zwiebelgrün und Kerbel bestreuen.

Winter-gemüseeintopf

Für 4–6 Personen:
1 Rezept Hühnersuppe (siehe Seite 132)
3 festkochende Kartoffeln
je 100 g Schwarzwurzeln, Petersilienwurzeln
  und Möhren
200 g Rosenkohl | 400 g Wirsing
1 Stück Meerrettichwurzel (ca. 50 g)
Zubereitung: ca. 45 Min. (+ Hühnersuppe kochen)
Pro Portion (bei 6 Personen): ca. 635 kcal,
45 g EW, 45 g F, 10 g KH

1   Die Hühnersuppe wie beschrieben zubereiten. Huhn häuten und das Fleisch in Stücke schneiden. Brühe abgießen und eventuell entfetten.

2   Kartoffeln, Schwarzwurzeln, Petersilienwurzeln und Möhren schälen und in ca. 1,5 cm große Würfel oder in dünne Scheiben schneiden. Den Rosenkohl waschen, putzen und halbieren. Den Wirsing waschen, in die einzelnen Blätter teilen, dicke Strünke herausschneiden. Die Blätter in schmale Streifen schneiden.

3   In einen Suppentopf 1,3 l Brühe gießen und aufkochen. Die Kartoffeln und das Gemüse in die Brühe geben und alles 25–30 Min. bei mitterer Hitze kochen lassen. Inzwischen den Meerrettich schälen und auf einer Küchenreibe grob raspeln. Fleisch in die Suppe geben, heiß werden lassen. Die Suppe auf tiefe Teller verteilen und jeweils etwas Meerrettich daraufstreuen.

Schwedischer Erbseneintopf mit Kassler

DEFTIGES AUS DEM HOHEN NORDEN

Für 4 Personen:
2 Kassler-Koteletts (ca. 500 g,
  ungegart)
350 g getrocknete, geschälte,
  halbierte gelbe Erbsen
1 Zwiebel
1 Knoblauchzehe
2 Möhren
1 Stange Lauch
300 g Knollensellerie
100 g Rauchwurst
  (z. B. Kabanossi)
5 Pimentkörner
Salz | Pfeffer
3 Stängel Liebstöckel
Zubereitung: ca. 25 Min.
Kochen: 1 Std. 45 Min.
Pro Portion: ca. 275 kcal,
17 g EW, 14 g F, 22 g KH

1 Die Kassler-Koteletts abbrausen, um eventuelle Knochensplitter zu entfernen, und mit den Erbsen und ca. 1,3 l Wasser in einen Suppentopf geben. Alles aufkochen, dann bei mittlerer Hitze ca. 1 Std. zugedeckt kochen lassen. Dabei zu Beginn öfters den aufsteigenden Schaum mit einem Löffel abnehmen. Die Zwiebel und den Knoblauch schälen, klein würfeln und nach ca. 30 Min. Garzeit dazugeben.

2 Während Fleisch und Erbsen garen, das Gemüse waschen oder schälen und putzen. Möhren und Lauch in dünne Scheiben bzw. Ringe schneiden, den Sellerie klein würfeln.

3 Wenn die Erbsen weich sind, das Gemüse, die Rauchwurst und die Pimentkörner in den Topf geben. Die Suppe mit Salz und Pfeffer würzen und weitere 45 Min. kochen lassen.

4 Den Liebstöckel waschen, trocken schütteln und die Blätter fein hacken. Wenn das Gemüse gar ist, das Kassler und die Wurst aus dem Topf nehmen, in kleine Stücke schneiden und wieder hineingeben. Die Suppe mit Liebstöckel bestreuen und servieren.

Tipp Egal ob grün oder gelb – sind die getrockneten Erbsen geschält und halbiert (auch Schälerbsen genannt), müssen sie vorm Kochen nicht extra eingeweicht werden. Bereits nach knapp 1 Std. Garzeit sind sie im Regelfall gar. Ganze getrocknete Erbsen oder getrocknete Erbsen mit Schale muss man dagegen 24 Std. (am besten über Nacht) einweichen. Wenn sie ihr Volumen mehr als verdoppelt haben, gießt man das Einweichwasser ab, braust die Erbsen mit kaltem Wasser ab und kocht sie dann bis zur gewünschten Konsistenz. Das kann bis zu 1 Std. 30 Min. dauern.

Gulaschsuppe mit Bier und Zwiebeln

URIGER EINTOPF AUS BELGIEN

Für 4 Personen:
450 g Rindfleisch (aus
   der Schulter)
2 Zwiebeln
2 Knoblauchzehen
1 TL Kümmelsamen
⅓ Bund Thymian
4 EL Sonnenblumenöl
Salz | Pfeffer
1 EL Tomatenmark
300 ml dunkles Bier
¾ l Rinderbrühe (siehe Seite 11)
1 Lorbeerblatt
Chilipulver
450 g Möhren
450 g festkochende Kartoffeln
100 g Perlzwiebeln (aus dem
   Glas + 6–7 EL Einlegesud)
1 EL Crème fraîche
Zubereitung: ca. 30 Min.
Kochen: 2 Std. 15 Min.
Pro Portion: ca. 570 kcal,
34 g EW, 30 g F, 25 g KH

1   Das Fleisch in ca. 1,5 cm große Würfel schneiden. Zwiebeln und Knoblauch schälen und klein würfeln, die Kümmelsamen grob hacken. Den Thymian abbrausen und trocken schütteln. Knapp 3 EL Öl in einem Suppentopf richtig heiß werden lassen. Das Fleisch darin bei starker Hitze scharf anbraten, salzen, pfeffern und herausnehmen.

2   Die Temperatur reduzieren und das übrige Öl in den Topf geben. Darin Zwiebeln, Knoblauch und Kümmel bei mittlerer Hitze andünsten. Das Tomatenmark dazugeben und unter Rühren ca. 1 Min. mitrösten. Mit ca. 100 ml Bier ablöschen und dieses einkochen lassen. Jetzt die Brühe und das übrige Bier (bis auf einen kleinen Rest) aufgießen. Fleisch, Lorbeerblatt und die Hälfte des Thymians dazugeben, einmal aufkochen lassen und mit Salz, Pfeffer und ½ TL Chilipulver würzen. Zugedeckt bei geringer Hitze ca. 1 Std. 15 Min. köcheln lassen.

3   Die Möhren schälen und in ca. 1,5 cm dicke Scheiben schneiden. Kartoffeln schälen, waschen und in ca. 2 cm große Würfel schneiden. Beides mit dem übrigen Thymian in den Topf geben und alles weitere 40 Min. zugedeckt garen. Dann die Perlzwiebeln und 4 EL Einlegesud dazugeben, nochmals ca. 20 Min. weiterköcheln lassen.

4   Gegen Garzeitende die Suppe mit Salz, Pfeffer, Chilipulver und übrigem Zwiebelsud abschmecken, restliches Bier und Crème fraîche unterrühren. Vor dem Servieren die Thymianzweige und das Lorbeerblatt aus der Suppe nehmen. Die Suppe eventuell mit Brot, aber auf jeden Fall mit einem gut gekühlten Bier servieren.

Variante Klassische Gulaschsuppe
Dafür 600 g Rindfleisch und 3 Zwiebeln nehmen. Anstelle von Bier ca. ¼ l Rotwein komplett mit der Rinderbrühe aufgießen. Statt der Möhren je 1 große rote und grüne Paprikaschote ca. 1,5 cm groß würfeln und 1 Std. vor Garzeitende mit den Kartoffeln zugeben (die Perlzwiebeln weglassen). Wer will, schmeckt die Suppe zusätzlich mit edelsüßem Paprikapulver ab. Und wenn kein frischer Thymian im Haus ist – hier passen auch 1–1 ½ TL getrockneter Oregano.

Graupeneintopf mit Käseklößchen

SCHMECKT WIE AUF DER BERGHÜTTE

Für 4 Personen:

Für die Klößchen:

¼ Bund Schnittlauch

80 g Bergkäse

70 g Ricotta

2 EL Semmelbrösel

3 EL gehackte Mandeln

1 Eigelb (M)

Pfeffer

frisch geriebene Muskatnuss

Salz

Für den Eintopf:

150 g Perlgraupen

Salz

400 g Rosenkohl

4 kleine Möhren

1 Petersilienwurzel

100 g Lauch

1 Zwiebel

1 Knoblauchzehe

1 EL Butter

1 l Gemüsebrühe (siehe
   Seite 19)

¾ Bund Schnittlauch

Pfeffer

2 EL körniger Senf

Zubereitung: ca. 1 Std.

Pro Portion: ca. 415 kcal,
20 g EW, 18 g F, 37 g KH

1   Für die Klößchen den Schnittlauch abbrausen, trocken schütteln und in Röllchen schneiden. Den Bergkäse fein reiben und mit Ricotta, Semmelbröseln, Mandeln und dem Eigelb vermengen. Schnittlauch unterrühren, die Masse mit Pfeffer und Muskat würzen und zugedeckt im Kühlschrank kalt stellen.

2   Inzwischen für den Eintopf die Graupen in einem Sieb abbrausen und nach Packungsangabe in Salzwasser in 30–45 Min. leicht bissfest garen. Dann in ein Sieb abgießen und abtropfen lassen.

3   In der Zeit den Rosenkohl waschen und putzen, große Röschen halbieren, kleine unten am Strunk kreuzweise einschneiden. Möhren schälen und in ca. 0,5 cm dicke Scheiben schneiden. Petersilienwurzel schälen und in 1,5 cm große Würfel schneiden. Lauch längs halbieren, waschen, putzen und in 1 cm dicke Ringe schneiden. Die Zwiebel und den Knoblauch schälen und klein würfeln.

4   Butter in einem Suppentopf zerlassenen. Darin Zwiebel und Knoblauch andünsten, Gemüse dazugeben und unter Rühren 1–2 Min. mitdünsten. Die Brühe dazugießen und alles zugedeckt 20–25 Min. bei mittlerer Hitze kochen lassen.

5   Währenddessen aus der Käsemasse mit leicht angefeuchteten Händen ca. 12 kleine Klößchen formen. Wasser in einem weiten Topf zum Kochen bringen, salzen und die Klößchen darin bei geringer Hitze in 3–5 Min. gar ziehen lassen. Mit einem Schaumlöffel herausheben, abtropfen lassen und auf tiefe Teller verteilen.

6   Den Schnittlauch für den Eintopf waschen, trocken schütteln und in Röllchen schneiden. Graupen in den Eintopf geben und heiß werden lassen. Den Eintopf mit Salz, Pfeffer und Senf abschmecken und auf die Teller mit den Klößchen verteilen. Mit reichlich Schnittlauch bestreuen.

Italienischer Linseneintopf mit Salsicce

SO GUT WIE JEDE PASTA

Für 4 Personen:

2 Zwiebeln
3 Knoblauchzehen
100 g durchwachsener Räucherspeck
200 g Möhren
4 Stangen Staudensellerie
1 rote Chilischote (nach
   Belieben)
1 EL Olivenöl
1 Dose stückige Tomaten
   (400 g Inhalt)
700 ml Gemüsebrühe (siehe
   Seite 19)
5 Zweige Thymian
1 Zweig Rosmarin
1 Lorbeerblatt
250 g braune Linsen
Salz | Pfeffer
3–5 EL Aceto balsamico
4 Salsicce (italienische grobe
   Bratwürste)
Zubereitung: ca. 25 Min.
Kochen: 1 Std.
Pro Portion: ca. 775 kcal,
32 g EW, 55 g F, 36 g KH

1   Zwiebeln und Knoblauch schälen und klein würfeln, den Speck ebenfalls in Würfelchen schneiden. Möhren schälen und in 1,5 cm große Würfel schneiden. Sellerie waschen, putzen, längs halbieren und in ca. 2 cm große Stücke schneiden. Nach Belieben Chilischote halbieren, Kerne entfernen, die Hälften waschen und fein hacken.

2   Das Öl in einem Suppentopf heiß werden lassen. Darin den Speck bei mittlerer Hitze leicht braun braten, dann Zwiebeln, Knoblauch und eventuell die Chili dazugeben und braten, bis die Zwiebeln goldbraun sind. Möhren und Sellerie dazugeben, unter Rühren 1 Min. mitbraten. Tomaten und Brühe dazugießen, die Kräuter abbrausen und mit dem Lorbeerblatt und den Linsen unterrühren. Zugedeckt bei geringer Hitze ca. 1 Std. köcheln lassen, bis die Linsen gar sind.

3   Den Eintopf mit Salz und Pfeffer würzen und je nach gewünschter Säure mit Balsamessig abschmecken, Kräuterzweige und Lorbeerblatt herausnehmen. Die Salsicce in einer beschichteten Pfanne langsam erhitzen und im eigenen, austretenden Fett kräftig rundum braun braten, dann in den Eintopf geben. Mit italienischem Weißbrot servieren.

Variante Klassischer Linseneintopf

Dafür wie oben beschrieben 100 g gewürfelten Räucherspeck und 2 gewürfelte Zwiebeln in 1 EL Öl anbraten. Dann jeweils ca. 150 g gewürfelte Möhren und Knollensellerie und 1 dünne, in feine Ringe geschnittene Stange Lauch kurz mitbraten. 1 l Gemüsebrühe dazugießen, dann 1 Lorbeerblatt, 250 g braune Linsen und ca. 250 g klein geschnittene Kartoffelwürfel (festkochende Sorte) dazugeben. Zugedeckt bei geringer Hitze ca. 1 Std. köcheln lassen. Gegen Garzeitende mit Salz, Pfeffer und Rotweinessig abschmecken. 4 Wiener Würstchen einlegen und in der Suppe heiß werden lassen.

STECKRÜBENEINTOPF MIT HACKBÄLLCHEN

Vom Schweinefutter zum Winterküchen-Liebling: Fein gewürzt und mit Sahne abgerundet kommt die lang verpönte Steckrübe hier zu ganz neuen Ehren. Dieser Eintopf schmeckt pur, aber noch besser mit zusätzlich etwas drin oder dazu. ...

Steckrüben-eintopf

Für 4 Personen:
2 Steckrüben (ca. 1,2 kg)
600 g fest kochende Kartoffeln
4 kleine Möhren
1 kleine Stange Lauch
2 Zwiebeln
½ Knoblauchzehe
2 rote Chilischoten
1 ½ EL Butter
1,2 l Rinderbrühe (siehe
  Seite 11)
½ TL Currypulver
Salz | Pfeffer
frisch geriebene Muskatnuss
250 g Wurzelspinat
4 Stängel Majoran
100 g Sahne
Zubereitung: ca. 25 Min.
Kochen: 35 Min.
Pro Portion: ca. 470 kcal,
23 g EW, 18 g F, 42 g KH

1   Die Steckrüben und Kartoffeln schälen, waschen und getrennt in ca. 1,5 cm große Würfel schneiden. Die Möhren schälen und in dünne Scheiben schneiden. Den Lauch längs vierteln, waschen, putzen und in ganz feine Streifen schneiden. Zwiebeln und Knoblauch schälen und klein würfeln. Die Chilischoten längs halbieren, Kerne entfernen, die Hälften waschen und fein hacken.

2   Die Butter in einem Suppentopf bei mittlerer Hitze zerlassen. Darin Zwiebeln, Knoblauch, Chili und den Lauch andünsten. Anschließend die Temperatur erhöhen und alles unter Rühren braten, bis die Zwiebeln ganz leicht bräunen. Steckrüben und Möhren dazugeben und unter Rühren 1 Min. mitbraten. Brühe und Kartoffeln dazugeben, mit Currypulver, Salz, Pfeffer und Muskat würzen. Zugedeckt bei mittlerer Hitze 25–30 Min. kochen lassen.

3   Inzwischen den Spinat verlesen, putzen, waschen und trocken schleudern. Große Blätter eventuell etwas kleiner schneiden und grobe Stiele entfernen. Den Majoran abbrausen, trocken schütteln und die Blättchen fein hacken.

4   Vom Eintopf 1 Schöpfkelle abnehmen und mit einem Stabmixer pürieren. Das Püree mit Sahne, Spinat und Majoran unter den Eintopf rühren und ca. 5 Min. mitkochen lassen. Mit Salz, Pfeffer und Muskat abschmecken.

... Erst dann wird daraus ein rundum wärmendes Winteressen, das richtig lange vorhält. Für alle Fleischfans gibt es gut gewürzte Hackbällchen als Einlage. Und Vegetarier machen den Eintopf ganz einfach mit Gemüsebrühe und lassen sich dazu die Kümmelschnecken schmecken. Aber Vorsicht: Die würzigen, knusprigen Schnecken schmecken garantiert nicht nur Vegetariern ...

Hackbällchen

Für ca. 24 Stück:
1 Zwiebel | ½ Knoblauchzehe
2 Stängel Majoran
300 g gemischtes Hackfleisch
1 Ei (M) | 3 EL Semmelbrösel
Salz | Pfeffer
¼ TL Chilipulver
Öl zum Braten
Zubereitung: ca. 45 Min.
Kühlen: 30 Min.
Pro Stück: ca. 46 kcal, 3 g EW, 3 g F, 0 g KH

1   Zwiebel und Knoblauch schälen und klein würfeln. Majoran abbrausen, trocken schütteln und fein hacken. 1 EL Öl in einer Pfanne erhitzen, darin Zwiebel und Knoblauch goldbraun anbraten, Majoran unterrühren. Die Zwiebelmischung mit dem Hackfleisch in eine Schüssel geben. Ei und Semmelbrösel dazugeben, mit Salz, Pfeffer und Chili würzen. Alles gründlich mit den Händen zu einer homogenen Hackmasse kneten. Aus der Masse 24 Bällchen formen, auf einen Teller legen und mindestens 30 Min. kalt stellen.

2   Entweder reichlich Öl in einer beschichteten Pfanne erhitzen. Darin die Hackbällchen rundherum braun anbraten und dann samt Bratensatz 5 Min. vor Garzeitende in den Steckrübeneintopf geben. Oder die Bällchen 15 Min. vor Garzeitende in den Eintopf einlegen (oder auch in einen anderen Eintopf oder nur in Brühe) und bei geringer Hitze gar ziehen lassen.

Kümmelschnecken

Für ca. 6 Stück:
350 g Weizenmehl (Type 1050)
1 Päckchen Trockenhefe
1 ½ TL Salz | ½ TL Zucker
je ⅓ TL gemahlener Kümmel, Anis
  und Koriander
1 Eiweiß (M) | 1 EL Kümmelsamen
Zubereitung: ca. 25 Min.
Ruhen: ca. 1 Std. 30 Min.
Backen: ca. 25 Min.
Pro Stück: ca. 205 kcal, 9 g EW, 1 g F, 40 g KH

1   Das Mehl mit Hefe, Salz, Zucker, gemahlenen Gewürzen und ca. 350 ml lauwarmem Wasser in eine große Schüssel geben. Erst mit den Knethaken des Handrührgeräts zu einem festen Teig verkneten, dann weitere 8 Min. von Hand durchkneten. Teig in die mit Mehl ausgestreute Schüssel geben und zugedeckt an einem warmen Ort 1 Std. gehen lassen.

2   Ein Backblech mit Backpapier auslegen. Teig nochmals durchkneten und zu einer ca. 3 cm dicken Rolle formen, diese in 6 Stücke schneiden. Die Stücke jeweils zu einer Schnecke aufrollen und auf das Blech legen, mit einem Küchentuch abdecken und weitere 30 Min. gehen lassen.

3   Den Backofen auf 200° (Umluft 180°) vorheizen. Schnecken mit Eiweiß bestreichen und mit Kümmelsamen bestreuen. Im Ofen (Mitte) in 20–25 Min. goldbraun backen.

Rindfleisch-Bohnen-Topf mit Paprika

CHILI CON CARNE NEU AUFGELEGT

Für 4 Personen:
250 g getrocknete Kidney-
  bohnen
4 Zweige Thymian
3 Knoblauchzehen
1 Lorbeerblatt
Salz | Pfeffer
400 g Rindfleisch (aus
  der Schulter)
2 Zwiebeln
2–3 rote Chilischoten
4 EL Olivenöl
1 Dose stückige Tomaten
  (400 g Inhalt)
1 ½ TL getrockneter Oregano
1 TL getrockneter Majoran
2 rote Paprikaschoten
1 grüne Paprikaschote
Zubereitung: ca. 40 Min.
Einweichen: 12 Std.
Kochen: 3 Std. 25 Min.
Pro Portion: ca. 390 kcal,
26 g EW, 23 g F, 19 g KH

1   Die Kidneybohnen in einer Schüssel mit reichlich kaltem Wasser bedecken und 12 Std. (am besten über Nacht) einweichen. Dann in ein Sieb abgießen, die Bohnen abbrausen und mit 1,5 l Wasser in einen Topf geben.

2   Den Thymian abbrausen, 1 Knoblauchzehe schälen und halbieren, beides mit dem Lorbeerblatt zu den Bohnen in den Topf geben. Alles einmal aufkochen lassen, dann zugedeckt 1 Std. 15 Min.–1 Std. 30 Min. bei mittlerer Hitze kochen lassen, bis die Bohnen gar sind. Gegen Garzeitende mit Salz und Pfeffer würzen. Die Bohnen in ein Sieb abgießen und das Kochwasser auffangen, Thymian und Lorbeerblatt entfernen.

3   Das Fleisch in ca. 2 cm große Stücke schneiden. Die Zwiebeln und den übrigen Knoblauch schälen und klein würfeln. Die Chilischoten längs halbieren, Kerne entfernen, die Hälften waschen und fein hacken.

4   In einem Suppentopf 3 EL Öl erhitzen. Darin das Fleisch bei starker Hitze rundherum braun anbraten, salzen, pfeffern und herausnehmen. Übriges Öl in den Topf geben und darin Zwiebeln, Knoblauch und Chilis bei mittlerer Hitze andünsten. Die Tomaten und das Fleisch dazugeben und ca. ½ l Bohnenkochwasser dazugießen. Mit Oregano, Majoran, Salz und Pfeffer würzen und zugedeckt ca. 1 Std. 15 Min. bei geringer Hitze köcheln lassen.

5   Paprikaschoten halbieren, putzen, waschen und in ca. 2 cm große Stücke schneiden. In den Eintopf geben und alles weitere 35–40 Min. garen – sollte der Eintopf zu sehr einkochen, noch ein wenig Bohnenkochwasser dazugeben. Zuletzt die Kidneybohnen untermischen und kurz heiß werden lassen.

Tipp Wenn's etwas schneller gehen soll, nimmt man am besten Bohnen aus der Dose. Für den Eintopf sollten es rund 600 g abgetropfte Kidneybohnen sein, auf etwas mehr oder weniger kommt es aber nicht an. Immer gut: 4 EL gehackte Petersilie oder gehacktes Koriandergrün vor dem Servieren auf den Eintopf streuen.

Borschtsch

DER KLASSISCHE ROTE-BETE-EINTOPF AUS RUSSLAND

Für 4 Personen:
Für die Brühe:
750 g mageres Suppenfleisch
  (vom Rind)
400 g Rindersuppenknochen
1 Zwiebel
1 dicke Möhre
1 Petersilienwurzel
1 Stange Lauch
1 EL weiße Pfefferkörner
1 Lorbeerblatt
Salz | Pfeffer
Für die Einlage:
2 Zwiebeln
1 kg Rote Beten
3 dicke Möhren
1 Petersilienwurzel
½ Bund Majoran (ersatzweise
  1 EL getrockneter Majoran)
3 EL Butter
2 EL Mehl
2 Lorbeerblätter
Salz | weißer Pfeffer
3 Stängel Dill
200 g saure Sahne
3–4 EL Weißweinessig
Zubereitung: ca. 1 Std. 10 Min.
Kochen: 3 Std. 15 Min.
Pro Portion: ca. 445 kcal,
47 g EW, 15 g F, 29 g KH

1   Für die Brühe das Fleisch und die Knochen abbrausen und mit so viel Wasser in einen Suppentopf geben, dass alles gut bedeckt ist. Bei starker Hitze einmal aufkochen lassen, dann durch ein Sieb abgießen, Topf auswaschen. Fleisch und Knochen abbrausen und wieder in den Topf legen, gut 2 l Wasser dazugießen. Bei mittlerer Hitze zum Kochen bringen, dabei den aufsteigenden Schaum immer wieder abschöpfen.

2   Inzwischen Zwiebel, Möhre und Petersilienwurzel schälen, den Lauch längs einschneiden, waschen und putzen. Alles in grobe Stücke schneiden, mit Pfefferkörnern und Lorbeerblatt in die Brühe geben und zugedeckt bei geringer Hitze 2 Std. 30 Min. köcheln lassen, dabei nach der Hälfte der Kochzeit salzen und pfeffern. Dann das Fleisch herausnehmen, die Brühe durch ein Sieb gießen und auffangen.

3   Für die Einlage die Zwiebeln schälen und klein würfeln. Rote Beten, Möhren und die Petersilienwurzel schälen und getrennt mit der Küchenreibe (oder noch besser mit der Küchenmaschine) in dünne Streifen (Julienne) hobeln. Den Majoran abbrausen und trocken schütteln, die Blättchen abzupfen und fein hacken.

4   Die Butter im Suppentopf zerlassen. Zwiebeln hineingeben und bei mittlerer Hitze andünsten. Die Möhren und Petersilienwurzel dazugeben und unter gelegentlichem Rühren 2 Min. mitdünsten. Dann die Roten Beten dazugeben, das Mehl darüberstäuben und unter Rühren alles weitere 3 Min. andünsten. Die Brühe (es sollten mindestens 1,5 l sein, ansonsten mit etwas Wasser auffüllen) angießen, Majoran und Lorbeerblätter dazugeben, salzen und pfeffern. Zugedeckt 30 Min. bei geringer Hitze köcheln lassen.

5   Suppenfleisch in mundgerechte Stücke schneiden, in den Topf geben und 10–15 Min. mitkochen, bis das Gemüse gar ist. Den Dill abbrausen und trocken schütteln, die Spitzen abzupfen, fein hacken und gründlich unter die Sahne rühren. Borschtsch mit Essig, Salz und Pfeffer abschmecken. Die Suppe auf Teller verteilen und jeweils einen Klecks Dillsahne daraufgeben. Dazu Brot oder grob zerdrückte mehligkochende Salzkartoffeln reichen (davon jeweils etwas in die Suppe geben).

Polnischer Sauerkrauteintopf

DEFTIGER SATTMACHER MIT EDLEN PILZEN

Für 4 Personen:

20 g getrocknete Mischpilze
   oder Pfifferlinge
200 g Schweinefleisch (aus
   der Schulter)
2 geräucherte, rohe Würste
   (ca. 200 g)
100 g durchwachsener Räucherspeck
2 Zwiebeln
1 Knoblauchzehe
250 g Weißkohl
250 g Sauerkraut
2 EL Schweine- oder Butterschmalz
Salz | Pfeffer
1 EL Tomatenmark
1 Lorbeerblatt
1 TL Kümmelsamen
1 TL edelsüßes Paprikapulver
1 TL getrockneter Majoran (noch
   besser: 2 EL frisch gehackter
   Majoran)

Zubereitung: ca. 25 Min.
Einweichen: 6 Std.
Garen: 1 Std. 30 Min.
Pro Portion: ca. 535 kcal,
21 g EW, 48 g F, 5 g KH

1   Die Pilze in einer Schüssel mit ¼ l Wasser begießen und ca. 6 Std. einweichen. Anschließend durch ein Sieb abgießen, dabei das Wasser auffangen, die Pilze eventuell etwas kleiner schneiden.

2   Das Fleisch in ca. 1 cm große Würfel schneiden. Die Würste je nach Größe in dünne Scheiben oder in kleine Würfel schneiden. Den Speck klein würfeln. Zwiebeln und Knoblauch schälen und klein würfeln. Kohl waschen und den Strunk herausschneiden, den Kohl längs vierteln und quer in dünne Streifen schneiden. Das Sauerkraut eventuell leicht ausdrücken, auseinanderzupfen und fein schneiden.

3   Den Backofen auf 175° vorheizen. Das Schmalz in einem ofenfesten Topf oder Bräter zerlassen und das Fleisch darin bei mittlerer Hitze hellbraun anbraten. Zwiebeln, Knoblauch, Speck und die Würste dazugeben, alles weitere 3–4 Min. unter Rühren anbraten, salzen und pfeffern.

4   Das Tomatenmark und den Weißkohl unterrühren, 1 Min. mitbraten. Dann ca. ½ l Wasser, Sauerkraut, Lorbeerblatt, Kümmelsamen, Paprikapulver, Majoran und die Pilze mit dem Einweichwasser dazugeben, alles gut miteinander verrühren, nochmals salzen und pfeffern. Den Topf mit einem Deckel verschließen und den Eintopf im Ofen (unten, Umluft 160°) ca. 1 Std. 30 Min. garen lassen. Am besten mit Bauernbrot servieren.

Tipp Für Bigosch, diesen beliebten polnischen Eintopf, gibt es zahllose Rezepte. Tante Marischas Variante mit Pilzen ist aber ungeschlagen. Im Herbst briet sie zusätzlich frische Waldpilze in Butter an und gab sie dann kurz vor Garzeitende unter das Sauerkraut.

Kohleintopf mit Lammfleisch

IRISH STEW, DAS NICHT NACH HAMMEL SCHMECKT

Für 4 Personen:

1 kleiner Weißkohl (ca. 600 g)
2 große Möhren
1 kleine Petersilienwurzel
1 kleine Stange Lauch
400 g festkochende Kartoffeln
5 Zweige Thymian
600 g Lammfleisch (aus
  der Keule)
2 Zwiebeln
2 Knoblauchzehen
3 EL Sonnenblumenöl
Salz | Pfeffer
1 TL Kümmelsamen
1 l Rinder- oder Gemüsebrühe
  (siehe Seite 11 oder 19)

Zubereitung: ca. 30 Min.
Garen: 1 Std. 30 Min.
Pro Portion: ca. 670 kcal,
45 g EW, 40 g F, 23 g KH

1   Den Kohlkopf vierteln und den Strunk großzügig herausschneiden. Die Kohlviertel waschen und in kurze, dicke Streifen schneiden. Möhren und Petersilienwurzel schälen und in dicke Scheiben schneiden. Den Lauch längs einschneiden, waschen, putzen und in 1 cm breite Ringe schneiden. Kartoffeln schälen, waschen und in ca. 2 cm große Würfel schneiden. Den Thymian abbrausen und trocken schütteln, Blättchen abzupfen und grob hacken. Alles, bis auf den Kohl, in einer großen Schüssel miteinander mischen.

2   Das Lammfleisch in ca. 2 cm große Würfel schneiden, dabei Fett und Sehnen wegschneiden. Zwiebeln und Knoblauch schälen und klein würfeln. In einem großen ofenfesten Topf oder Bräter die Hälfte des Öls erhitzen. Darin das Fleisch bei starker Hitze rundherum braun anbraten, salzen, pfeffern und zu dem Gemüse in die Schüssel geben.

3   Übriges Öl in den Topf oder Bräter geben, Temperatur reduzieren und die Zwiebeln und den Knoblauch im Öl bei mittlerer Hitze goldbraun andünsten. Topf vom Herd nehmen und die Zwiebelmischung zu Fleisch und Gemüse geben, mischen.

4   Den Backofen auf 175° vorheizen. Ein Drittel der Kohlblätter in den Topf schichten. Mit etwa einem Drittel des Kümmels bestreuen und die Hälfte der Fleisch-Gemüse-Mischung daraufgeben, leicht salzen und pfeffern. Das zweite Drittel Kohl und Kümmel darüberschichten, darüber die zweite Hälfte der Fleisch-Gemüse-Mischung geben, salzen, pfeffern. Mit dem restlichen Kohl abschließen, mit dem übrigem Kümmel, Salz und Pfeffer würzen.

5   Die Brühe über Kohl, Gemüse und Fleisch gießen, den Topfdeckel auflegen und alles im Ofen (unten, Umluft 160°) ca. 1 Std. 30 Min. garen. Dabei eventuell ein- bis zweimal etwas Brühe über die oberste Schicht Kohl löffeln. Mit ofenfrischem Brot auf den Tisch bringen.

Rezeptregister

Impressum

DIE AUTORIN

Tanja Dusy arbeitet seit 2001 als Kochbuchredakteurin und Autorin bei GRÄFE UND UNZER. Mehrere ihrer erfolgreichen Titel wie „Für die Sinne – Indien" und „Indien Basics" wurden ausgezeichnet. Neben exotischen kulinarischen Themen fasziniert sie auch das Wunder einer richtig guten Suppe schon lange. Für dieses Buch fanden altbekannte Klassiker, frische Zutaten und ungewohnte Zusammenstellungen in einem Topf neu zusammen.

DER FOTOGRAF

Wolfgang Schardt fotografiert vor allem Food, Stills und Interieur für Magazine wie FEINSCHMECKER, für Verlage und Werbung – entweder in seinem Hamburger Studio oder vor Ort in ausgewählten stimmungsvollen Locations.

EIN DANK DES FOTOGRAFEN GEHT AN

Anne-Katrin Weber fürs unermüdliche Suppenkochen in der Sonne und im Schnee, im Studio und in Locations. Ihr alter Jugendschlitten krönte unsere Winterproduktion und ohne ihre Kissen wäre es auf dem Balkon bei weitem nicht so gemütlich gewesen!

Anke Politt und Janet Hesse für ihre helfenden Hände, den fantastischen Kaffee und ihre gute Laune.

Danke auch an alle Models, die für uns die Suppen löffelten, und an die vielen lieben Menschen, die uns ihre Wohnungen und Gärten geöffnet haben.

TITELBILDREZPET

Kürbis-Apfel-Suppe, Seite 55

Projektleitung: Sabine Sälzer
Lektorat/Satz/DTP: Redaktionsbüro Christina Kempe, München
Korrektorat: Petra Bachmann
Umschlaggestaltung und Innenlayout: independent Medien-Design, Horst Moser, München
Herstellung: Renate Hutt
Reproduktion: Repro Ludwig, Zell am See
Druck: Firmengruppe APPL, aprinta druck, Wemding
Bindung: Firmengruppe APPL, m. appl GmbH, Wemding

© 2010 GRÄFE UND UNZER VERLAG GmbH, München.

Syndication:
www.jalag-syndication.de

ISBN 978-3-8338-2047-2
1. Auflage 2010

GRÄFE UND UNZER

Ein Unternehmen der
GANSKE VERLAGSGRUPPE

Unsere Garantie

Alle Informationen in diesem Ratgeber sind sorgfältig und gewissenhaft geprüft. Sollte dennoch einmal ein Fehler enthalten sein, schicken Sie uns das Buch mit dem entsprechenden Hinweis an unseren Leserservice zurück. Wir tauschen Ihnen den GU-Ratgeber gegen einen anderen zum gleichen oder ähnlichen Thema um.

Liebe Leserin und lieber Leser,

wir freuen uns, dass Sie sich für ein GU-Buch entschieden haben. Mit Ihrem Kauf setzen Sie auf die Qualität, Kompetenz und Aktualität unserer Ratgeber. Dafür sagen wir Danke! Wir wollen als führender Ratgeberverlag noch besser werden. Daher ist uns Ihre Meinung wichtig. Bitte senden Sie uns Ihre Anregungen, Ihre Kritik oder Ihr Lob zu unseren Büchern. Haben Sie Fragen oder benötigen Sie weiteren Rat zum Thema? Wir freuen uns auf Ihre Nachricht!

Wir sind für Sie da!
Montag–Donnerstag:
8.00–18.00 Uhr;
Freitag: 8.00–16.00 Uhr
Tel.: 0180–5005054*
Fax: 0180–5012054*
E-Mail:
leserservice@graefe-und-unzer.de

PS: Wollen Sie noch mehr Aktuelles von GU wissen, dann abonnieren Sie doch unseren kostenlosen GU-Online-Newsletter und/oder unsere kostenlosen Kundenmagazine.

GRÄFE UND UNZER VERLAG
Leserservice
Postfach 86 03 13
81630 München

*(0,14 €/Min. aus dem dt. Festnetz/Mobilfunkpreise maximal 0,42 €/Min.)